スーパーマンの誕生

KKK・自警主義・優生学

ENDO TORU
遠藤徹

新評論

スーパーマンの誕生

KKK・自警主義・優生学

目次

装幀——山田英春
編集・DTP——片岡　力

スーパーマンの誕生

ＫＫＫ・自警主義・優生学

The birth of Superman —*KKK, Vigilantism, Eugenics*—

遠藤 徹

Toru ENDO

はじめに

隠蔽装置としてのスーパーヒーロー

「バラク・オバマとは何者なのでしょう？　あなたが耳にした噂とは逆で、わたしは飼い葉桶で生まれたのではありません。実のところ、わたしはクリプトン星で生まれ、地球という惑星を救うために父ジョー・エルによってここに送られたのです」

これは、二〇〇八年の十月十七日にある人物が口にしたジョークである。その人物とは、当時民主党の大統領候補であったバラク・オバマ上院議員本人。その夜ニューヨークで開かれていた政治資金を募るためのディナーパーティの席上で、オバマ候補は、ライバル候補であった共和党のジョン・マケイン上院議員に向けてこのジョークを口にしたのであった。

ここに出てくる「あなたが耳にした噂」というのは、ジョン・マケインが、オバマを救世主気取りだと揶揄《やゆ》したことを受けている。マケインは、映画『マトリックス』の主人公ネオのあだ名で、救世主を意味する「ザ・ワン」をオバマに冠せようとしたのであった。つまり、マケインがポピュラーカルチャーを用いて行おうとした負のイメージ操作を、自分にとってプラスのイメージへと転化しようとしたのが、この巧みなジョークだったというわけだ。

実際、その後の選挙キャンペーンを通して、スーパーマンのイメージはオバマ候補にとって効果的に作用した。スーパーマンの像の前で同じポーズを取るオバマの写真が流通し、オバマの支持者たちは、シャツを広げて胸の〝O〟の字を見せているオバマの画像や、スーパーマンの動画の顔をオバマのそれにカット・アンド・ペーストしたユーチューブ動画などを盛んにアップした。救世主気取りの似非《えせ》宗教家から、スーパーマンへのイメージ転換が、彼の勝利にとって重要な要素となったことは疑い得ないところである。

「アメリカを再び偉大にする」と立候補した「スーパー・トランプ」

同様に、二〇一七年に新しい大統領となったドナルド・トランプも、自らをスーパーマンに喩《たと》えることを忘れはしなかった。まず支持者たちが、9・11の記念日に、ニューヨークのタイムズ・スクエアにある巨大電子スクリーンに、二万五千ドルをかけて「スーパー・トランプ」という映像を流した。それは、トランプの顔をコラージュされたスーパーマンがこぶしを突き出しながら飛んでくるというもので、画面の上には「スーパー・トランプ（Super Trump）」そして画面の下には、「アメリカを再び偉大にする（Make America Great Again）」というキャプションが出るという趣向のものであった。★☆★

ちなみに、この日、対抗候補であったヒラリー・クリントンは、9・11の記念式典の最中に倒れている。後追いの物言いではあるが、同じ日に空を飛翔したトランプと、地に伏したヒラリーとは、予見的な対照をなしていたようにも思わ

★★★ 「テレグラフ」紙オンライン版（http://www.telegraph.co.uk/news/worldnews/barackobama/3213768/US-elections-Barack-Obama-jokes-he-is-Superman.html）

★★☆ Dan T. Molden, "*Barack Obama as Superman: The Identity and Identification of a presidential candidate*", 愛知淑徳大学言語コミュニケーション学会言語文化 19, 59-73, 2011

★☆★ New York Post: *'Super Trump' ad lands in Times Square after Hillary's collapse By Carl Campanile*, Sept. 12, 2016 | 4:07 p.m.（http://nypost.com/2016/09/12/super-trump-ad-lands-in-times-square-after-hillarys-collapse/）

れる。また、同年十月一日のCNBCニュースは、トランプが、同社のジョン・ハーウッド（John Harwood）によるインタビューに答えて、自分も「次なるスーパーマン大統領になる」と語ったことを伝えた。☆★★

スーパーマンのイメージが、いかに強烈にアメリカ社会を支配しているかがわかるだろう。それは、おそらくアメリカのみならず世界中の老若男女、誰でもが彼のことを知っているからだ。ある意味でスーパーマンはアメリカの代名詞なのだともいえるだろう。

けれども、なぜそこまでスーパーマンはアメリカ的なるものを代表しうるのだろうか？　言い換えるならば、スーパーマンという表象は、アメリカ社会の、あるいは歴史の、あるいは文化の何を吸い上げることによって形成されてきたのだろうか？　そう問いかけてみたとき、「もしかしたら、ぼくたちは実はまだスーパーマンのことを本当にはよく知らないのではないか？」という不安がよぎる。

本書は、そんな不安を手掛かりに、スーパーマンを通してアメリカという国を、あるいはアメリカという国を通してスーパーマンを読み解いてみようとするささやかな試みである。

☆★★ CNBC: Trump: *I'll be the next Superman president*, Thursday, 1 Oct. 2015 | 5:45 a.m. ET（http://video.cnbc.com/gallery/?video=3000427676）

1. ファンタジーの力

「母さんはいつも「最善を尽くせ」っていうけど、本当じゃないよね。どうして最善を尽くしちゃいけないの？」

"You always say 'Do your best', but you don't really mean it. Why can't I do the best that I can do?"

二〇〇四年のピクサー作品『Mr.インクレディブル（原題は"*The Incredibles*"）』は、超人的な力を持ちながら、それを隠して一般市民として暮らそうとする一家を描いていた。かつて「Mr.インクレディブル」と呼ばれた父ボブと、同じくかつてイラスティガールとして活躍していたヘレンとが結ばれて、ヴァイオレット、ダッシュ、ジャック＝ジャックの三人の子どもが生まれる。長女ヴァイオレットには透明化したりバリアを張る能力があり、長男ダッシュには猛スピードで走る能力がある。そして次男ジャック＝ジャックはまだ赤ん坊ながら、さまざまな未知の能力を秘めていることが示唆される。

映画のなかで、息子のダッシュが母のヘレンに問いかけるのが冒頭に掲げた台詞である。'Do your best' は誰もが知るアメリカ的な価値観である。その価値観のなかで育てられながら、息子のダッシュは、人間離れしていることが発覚してしまわないよう、全速力で走ることを禁じられている。そのことに矛盾を感じたダッシュの言葉は、その意味ではきわめて正当なものである。

これに対する母ヘレンの返答は、次のようなものであった。

「あのね、いまは世界がわたしたちに適応することを要求しているの。そして適応するためには、他のみんなと同じじゃないといけないのよ」

"Right now, honey, the world just wants us to fit in, and to fit in, we gotta be like everyone else."

つまり、母ヘレンは、社会に適応するために、能力を秘めよと命じているわけである。

この背景には、かつて「正義」や「人命尊重」のために戦ったスーパーヒーローたちが、次々と訴訟の対象となったという事情がある。たとえば、Mr.インクレディブルが、自殺しようとビルから飛び降りた男を救ったら告訴され、列車事故を防いで死から守ったはずの乗客から、怪我をしたと訴えられたりするという具合である。最終的にスーパーヒーローたちは、超越的能力を封印して一般市民として生きることを政府から強制されることになる。

しかし、これは奇妙なことではないかと、哲学の研究者であるディラン・フォート・メグ（Dylan Fort Megg）は問いかける。その気になれば、スーパーヒーローたちは、世界を支配することすらできる。それなのになぜ、彼らは自分たちより明らかに能力的に劣った者たちに「奉仕」し、「現状を維持」し、さらには「適応（フィット・イン）」しようとまでするのだろうか。★★★

★★★ Dylan Fort Megg, "*Why not rule the world? Nietzsche, the Übermensch, and Contemporary superheroes*", 2009, University of Tennessee Honors Thesis Projects. http://trace.tennessee.edu/utk_chanhonoproj/1296

世界を支配しようとはせず世界に適応しようとするスーパーヒーローたち

この問いに対する答えを別の形で示したのが、アラン・ムーア（Alan Moore）の『ウォッチメン』（一九八六～七年にかけてDCコミックに連載され、二〇〇九年にザック・スナイダー監督によって映画化された）であった。この作品もまた、政府がスーパーヒーローたちに、スーパーヒーローとしての活動を禁じ、一般市民として生きることを要求する世界を描いている。

かつて、スーパーヒーローとして活動していたウォッチメンたちも、いまでは市民に紛れて密かに暮らしている。ところが、かつてのメンバーの一人が謎の死を遂げたことから、その犯人捜しをめぐって物語が始まり、最終的にはかつてのメンバーの一人による陰謀が明らかになる。通常の物語であれば、最後にヒーローによって陰謀が食い止められるのだが、この物語では逆にヒーロー役のロールシャッハは殺され、陰謀は遂行されてしまう。

陰謀とは、かつてのウォッチメンの一人であり超人的頭脳を持ったヴェイトが、軍拡競争と核汚染による世界の滅亡を防ぐため、宇宙人の侵略を装った攻撃でニューヨーク市を破壊し、多数の人間を犠牲にするというシナリオのことである。結果的に宇宙人の侵略に備えるために世界は突如として一致団結して平和となり、ヴェイトの目論見は成功する。

この物語のメッセージは、超人たちを国家が管理することはできず、最終的には、逆に超人たちによって一般人たちが管理される、ということになるだろう。ここには、羊飼いと羊たちという、ニーチェの超人のイメージも潜在しているかもしれない。

アラン・ムーア著『ウォッチメン』のペーパーバック版。表紙のイラストはデイヴ・ギボンズが描いている。

しばしば**英雄**の特質は超自然的ではなく**人間化**されている——ウンベルト・エーコ

付言するならば、この作品で興味深いのは、同じくかつてのウォッチメンのメンバーだったドクター・マンハッタンの存在ではないだろうか。ほぼ万能の存在である彼は、あまりに人間を超越しすぎたために、人間的な価値観が理解できなくなっていく。ついには愛の意味までわからなくなり、人間界から去ってしまう。

このドクター・マンハッタンの存在があらわにするのは、我々が知っている通常のスーパーヒーローが、きわめて「人間的」であるということだ。ウンベルト・エーコ（Umberto Eco）が、「しばしば英雄の特質は超自然的ではなく人間化されており、機敏さ、速さ、戦闘能力、さらにはホームズのような論理力や観察力だったりする★★☆」と書いているように、ほどほどに超越した能力をもち、そして人間的な思考や価値観はかなりの程度共有できる存在として描かれているということである。

なぜなら、もはや人間との意思疎通も、相互理解も不可能なドクター・マンハッタンのような超人を描いてしまったら、人間的な観点から通常の物語を作成することが不可能になってしまうからである。

我々が知るスーパーヒーローがきわめて「限定的な」性格のものでしかないことを浮き彫りにしたという意味でも、『ウォッチメン』はきわめて新しかったといえるだろう。

スーパーヒーローはリベラルな社会悪とは戦わずただの犯罪者とのみ戦う

けれども『Mr.インクレディブル』では、物語はそのように進行しはしない。

かつてMr.インクレディブルのファンだった少年バディが、成人してマッドサイエンティスト、シンドロームとなり、軍事テクノロジーの力でかつてのスーパーヒーローたちを殺し始める。単身立ち向かったボブは敗れて捕われるが、最終的

★★☆ Umberto Eco, “*The Myth of the Superman*”, Diacritics, Vol.2, No.1, Spring, 1972, pp.14

には家族の参戦によって救われる。家族が一つになったとき、何かを成し遂げられるというのもまたアメリカ的な「一般人の」価値観であり、ここでも彼らは一般社会のイデオロギーに従属している。

映画のラストも象徴的である。秘密裡でのスーパーヒーローとしての活動を認められる代わりに、彼らは一般人として暮らすことを受け入れる。つまり、ダッシュは、学校の運動会で、一等にもびりにもならない速度で走るのである。一般人に疑われないように速すぎず、同時に一般人に馬鹿にされないように遅すぎもしない速度で。つまり、みごとな「適応（フィット・イン）」を成し遂げるというわけである★☆★。

ディランによれば、ここには相互的な利益の関係があるという。たとえば、民主国家の軍隊には、国家を制圧し支配権を握る力があるがそれをしない。それと同様にスーパーヒーローもそれをしないのは、現状から利益を得ているからだというのである。社会の現状、支配的指導権、権力構造を守る、つまりは現状の保護者となることで、自分たちが攻撃されることを防ぐと同時に、この現状を守るという行為自体が自分たちの自己実現にもなるというわけである。

そのため、彼らは必然保守的にならざるを得ない。支配的制度やイデオロギー

への挑戦となるようなラディカルな社会悪とは戦わず、ただの犯罪者とのみ戦うのである。☆★★

スーパーマンは社会悪を個人としての悪人に変容させた——ショーン・トリート

このことは、一九三八年に誕生したスーパーマンについての、文化研究者ショーン・トリート（Shaun Treat）の指摘とも響きあう。ショーンによれば、企業家主導の資本主義から、国家によって制御されるニューディールの独占的資本主義への制度的移行期に、救世主としてのスーパーマンが出現したことは、イデオロギー的指導権の維持にとって重要なことだった。社会悪を個人としての悪人に変容させることで、社会悪を見えなくし、社会への不信を抑圧する機能をスーパーマンがになったというのである。★☆☆

正義の味方のはずのスーパーヒーローが、実のところは現状を手放しで肯定す

★☆★ Dylan Fort Megg, op.cit., pp.9-12

☆★★ Ibid., pp.4, 5, 12

★☆☆ Shaun Treat, "*How America Learned to Stop Worrying and Cynically ENJOY!: The Post-9/11 Superhero Zeitgeist*", Communication and Critical/Cultural Studies vol.6, No.1, pp.103-9

る保守主義者にすぎないというこの指摘は重要である。しかも、よく考えてみるならば、スーパーヒーローとは、正義の名のもとに、法を犯した暴力を行使する存在でもある。とすれば、スーパーヒーローを手放しで礼賛し、受け入れることは、もしかしたら危険なことなのではないのだろうか？

ショーンは、「いかなるトラウマ的過剰を、スーパーヒーローのファンタジーは覆い隠しているのか、そしてどんな想起あるいは残余について考えることを妨げているのか」と問いかけている。つまり、スーパーヒーローという存在が何かを覆い隠すための物語であり、何かを思い出させないため、あるいは何らかの満たされない欲望について語ることを禁じるための物語であるという認識、あるいは予感はすでにあるということだ。どうやら、スーパーヒーローはもっと多くのものを隠し、抑圧しているようだ。

そこで、これから、そんな隠蔽装置としてのスーパーヒーローについてしばしの間考えてみたいと思う。

人間的価値観を延命させるためのファンタジーが持つ強い神話力

まず留意すべきは、スーパーヒーロー物語はファンタジーであるということだ。そして、ファンタジーとは、過去における神話がそうであったように、世界の見方を提示する方法でもある。

マリア・ワーナー（Maria Warner）は『ハリー・ポッター』と『指輪物語』の成功の背後に、黒と白の、あるいはキリスト教とイスラム教の世界観の対立があるとし、そこで描かれてきた英雄と悪魔との戦いの神話は、９・11以後新たなエネルギーを得たのだとしている。☆☆★

あるいはかつてフランスの「ＡＩＤＥＳ」という啓蒙団体が、エイズを患ったスーパーマンとスーパーウーマンを描いたポスターを作ったことがあった。誰でもエイズにかかる可能性があるということを示すのが意図だったが、弱り果てた二人の姿にＤＣコミックからの抗議がなされ、使用不可となった。ここにも、

☆★☆ Shaun Treat, Ibid., p.106

☆☆★ Marc Dipaolo, *War, Politics and Superheroes: Ethics and Propaganda in Comics and Film*, London: Mcfarland & Company. Inc. Publishers, 2011, p.19

ファンタジーの機能の一端を読みとることができるだろう。すなわち、スーパーヒーローは、強く健康でなければならないというものだ。それもまた、ファンタジーの重要な要素となっているということである。☆☆☆

あるいは、ブラジルの風刺画家カルロス・ラトゥフ（Carlos Latuff）は、イスラムの兵士によってクリプトナイト入りの弾丸による機銃掃射を浴びせられて死ぬスーパーマンや、キャプテン・イラクという名のスーパーヒーローが、ホワイトハウスのガラスを突き破って侵入し、ブッシュ（息子）大統領と思しき人物に足蹴りを食らわしている場面などを描いているが、これはスーパーヒーロー・ファンタジーが神話として強い力を持っているがゆえに可能な、逆転の構図なのだといえるだろう。★★★

さらにいえば、われわれはもはや民主主義や人道主義といったイデオロギーを誰も信じていない。家族、結婚、あるいは自己犠牲などももはや形骸化しつつある。ところが他方映画やドラマでは、男女の愛や家族愛や他者のために生きる喜びが判で押したように繰り返し描かれる。つまり、現実には失われているものをファンタジーのなかで延命させることによって、あたかもまだわれわれはそのような人間的イデオロギーを保持し続けているかのような錯覚をわれわれは享受し、

☆☆☆ Marc Dipaolo, op.cit., p.14
★★★ Ibid, p.40
★★☆ Shaun Treat, op.cit., p.103

それによってある種の安心を得ているということになるのではないだろうか。

かくもファンタジーの持つ力とは重要なものなのである。

とすれば、スーパーヒーローのファンタジー、すなわち超越的な力で、正義のために戦ってくれる異邦人、あるいは正体不明の人物、というのは、いったい何を想起させないため、あるいは隠蔽するための装置（＝ファンタジー）としてわれわれのなかで機能しているのだろうか？

上：「ここにアメリカ帝国主義が倒れている」と記されており、アメリカに抑圧される側から見れば、スーパーマンがアメリカ帝国主義の象徴であることが示されている。
下：同様に、抑圧される側からすれば、祖国のために奉仕するキャプテン・アメリカの堆積点に、たとえばイラクのために奉仕するキャプテン・イラクが要請されることになるのは理の必然であろう。

2. スーパーヒーローの暗い起源

端的にいえば、スーパーヒーローたちの超越的な力とは暴力である。では、彼らがその暴力を通して貫こうとする正義とは、いったいどのような性格のものなのだろうか？　あるいはまた、彼らはいったいどこから現れてきたのだろうか？　クリプトン星とかバットケイブより遠い起源はいったいどこに見い出されるのか、それを考えてみたい。

アラン・ムーアとデイヴ・ギボンズ（Dave Gibons）は、彼らが生み出したコミックス『ウォッチメン』について、「栄光を与えられたクラン風の暴力」であり、「K《クー》 K《クラックス》 K《クラン》の直系の子孫としてのコスチュームを着た英雄である」と描

写している。[★★★]

KKKの直系の子孫としてのコスチュームを着た英雄——ムーア&ギボンズ

この洞察は実に鋭い。

一九三六年のこと、ジェリー・シーゲル（Jerry Siegel）とジョー・シャスター（Joe Shuster）が、当初悪役として設定していた超人スーパーマン[★★☆]を改稿しようとしていたとき、デトロイトで「ブラック・レギオン（Black Legion）」と名乗る自警集団が、プロテスタントの女性と結婚したカソリックのフランス系移民を誘拐して殺し、有罪判決を受けるという事件が起こった。彼らは黒いフードに海賊帽、そして胸には十字架と骸骨のエンブレムをつけた集団であった。[★☆★]これが直接的にスーパーマンのコスチュームの発想に結びついたかどうかは定かではないが、いずれにせよ、当時このようなコスチュームを身にまとった集団といえば、彼らのような人種差別的な自警団だったのであり、その原型を辿るとやはりＫＫＫへと行き着くことになるのである。

ここに提示されたスーパーヒーローとＫＫＫとの関係について考えるために、まずはＫＫＫについて、特に二十世紀初頭におけるその動向について振り返ってみることにしよう。

デトロイトの自警団「ブラック・レギオン」の黒い装束：KKK から分派した集団であったが、1936 年ニューディール政策を推進していた公共事業促進局（Works Progress Administration）の主催者を誘拐して殺害した。

★★★ ふたりが最初に書いた短篇小説で、スーパーマンはテレパシーで世界を支配しようと企む悪人とされていた。詳しくは本書 88 ページの註を参照されたい。

★★☆ Chris Gavaler, "*The Ku Klux Klan and the birth of superhero*", Journal of Graphic Novels and Comics, 2013, vol.4, No.2, p.203

★☆★ Ibid., p.199

2.1. 第一期のKKK

そもそものKKKは、十九世紀後半、南北戦争の敗北を契機に誕生したものであった。白人至上主義を掲げ、奴隷解放された再建期(一八六三〜七七年)の黒人たちに、敗戦の鬱憤を向け、暴力行為を繰り返す集団であった。

その勢いはしかし、二十世紀を迎える頃には一時かげりを見せていた。ところが、二十世紀の初頭、そのKKKが一気に息を吹き返す。その原因となったのはなんとベストセラー小説であり、またそれを下敷きにした映画であった。

その小説とは、トマス・ディクソン(Thomas Frederick Dixon Jr.)による一九〇五年の『クランズマン:クー・クラックス・クランについての歴史ロマンス(*The Clansman: An Historical Romance of the Ku Klux Klan*)』。主人公のグランド・ドラゴン(Grand Dragon)がネグロの支配から南部を救うという、南北戦争後に時代を設定

トマス・ディクソン（1864-1946）
：幼いころ南軍で叔父の部下だった兵士の妻が助けを求めてきた。彼女は、自分の娘が黒人にレイプされたと訴えた。その夜、KKKが犯人と目された黒人を吊るして、射殺した。ディクソンの中にヒーローが誕生した瞬間だった。

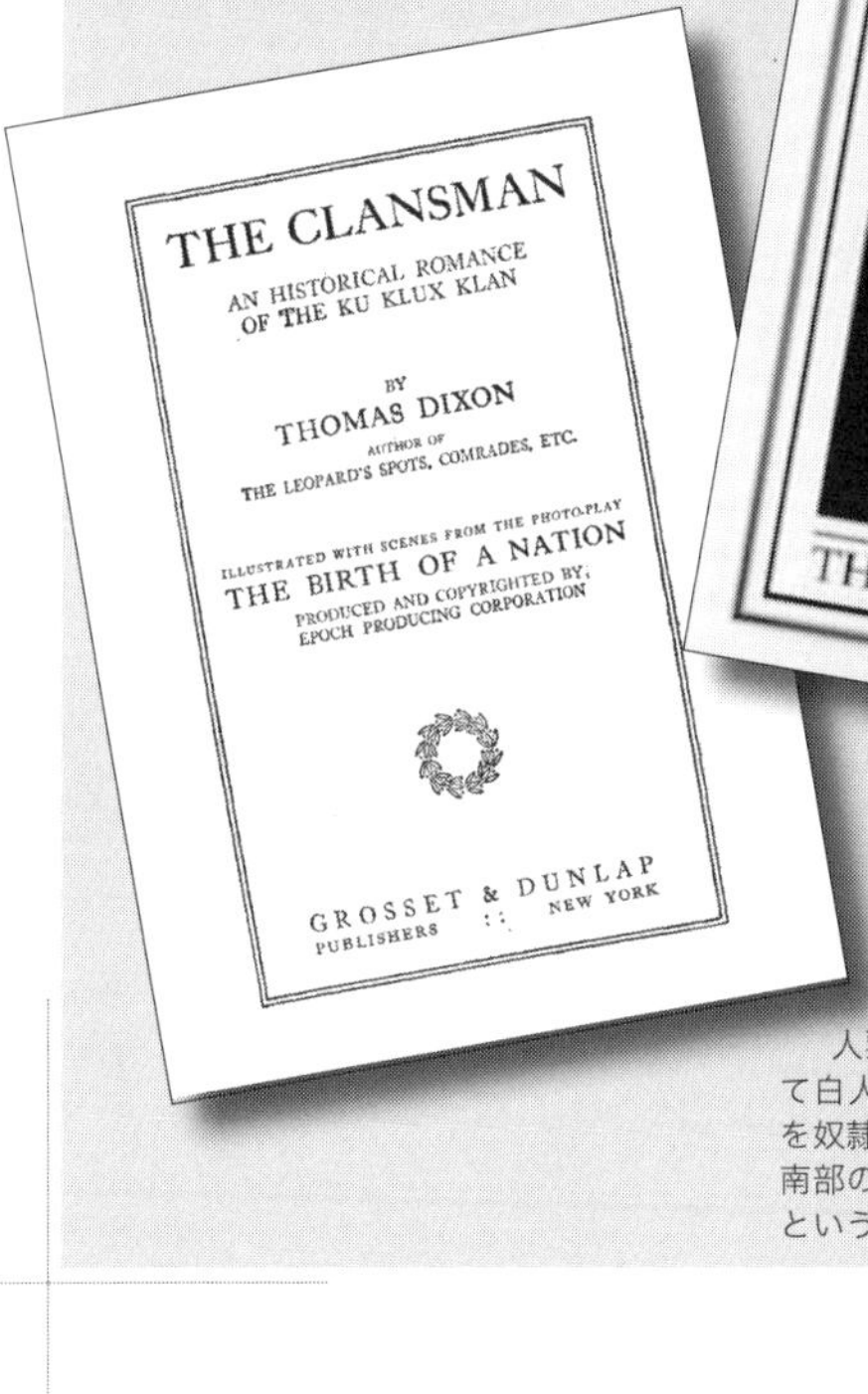

THE CLANSMAN
AN HISTORICAL ROMANCE OF THE KU KLUX KLAN
BY
THOMAS DIXON
AUTHOR OF
THE LEOPARD'S SPOTS, COMRADES, ETC.
ILLUSTRATED WITH SCENES FROM THE PHOTO-PLAY
THE BIRTH OF A NATION
PRODUCED AND COPYRIGHTED BY,
EPOCH PRODUCING CORPORATION
GROSSET & DUNLAP
PUBLISHERS :: NEW YORK

北部からやってきた共和党の議員オーガスティン・ストーンマンが黒人票を集めるために、黒人たちを扇動して白人から大農園を奪い取らせ、逆に白人を奴隷にしようと企む。この陰謀を阻止し、南部の白人社会を守るために戦うのがKKKというわけである。

した物語であった。これは奴隷解放の世論を刺激し、南北戦争のきっかけのひとつともなったハリエット・ビーチャー・ストウ（Harriet Beecher Stowe）の『アンクル・トムの小屋（*Uncle Tom's Cabin*）』への返答として書かれた小説であった。文体は恥じらいもないメロドラマ調で、文章も練れておらず、抑圧的なほどに説教がましいものだった。にもかかわらず、当時は、今日のベストセラー作家ジョン・グリシャム（John Grisham）ほどの人気があったといわれている。★★★

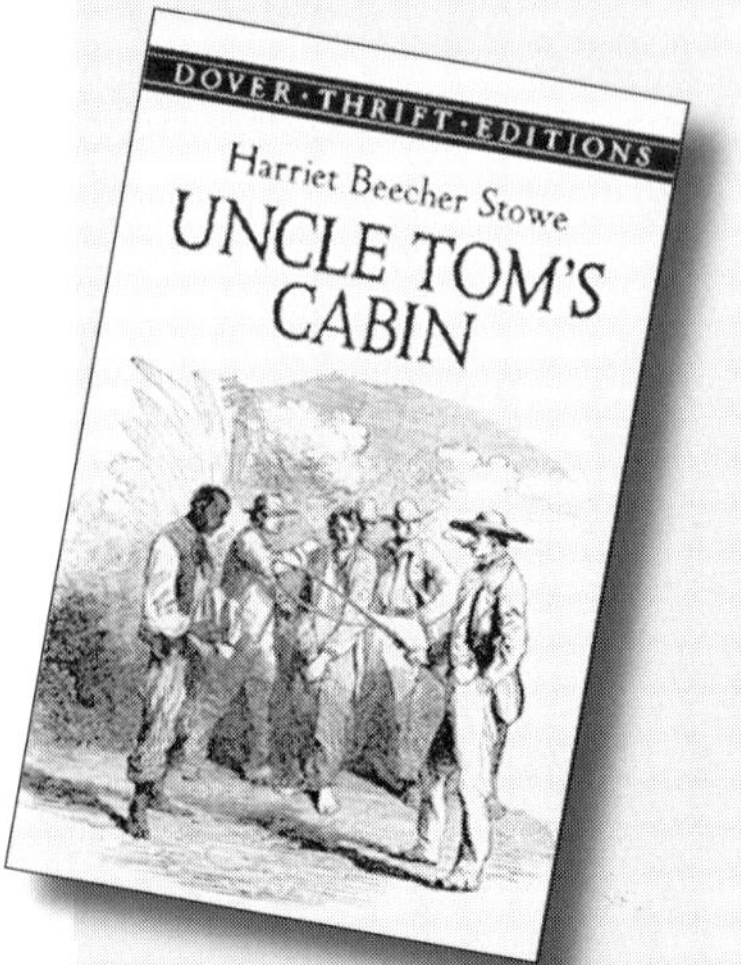

『アンクルトムの小屋』
：奴隷制の残酷さを描き、南北戦争の引き金のひとつとなったとされる作品。作者のストウ夫人に対し、リンカーン大統領は、「あなたのような小さな方が、この大きな戦争を引き起こしたのですね」と語ったといわれている。

小説『クランズマン』と映画『國民の創生』がKKKの再結成を準備した

この小説を下敷きにして作られたのが映画史上有名なD・W・グリフィス（David Wark Griffith）の『國民の創生』であり、このタイトルもディクソンがつけたものであった。

無声映画であったが、映画の中でKKKのメンバーを意味するクランズマンの集会を予告する場面では、ワーグナーの〈ワルキューレ〉からの一節が鳴り響き、彼らが同胞である白人の救出にかけつけるために馬を早駆けさせる場面では、グリーグの〈山の王の宮殿〉が奏されたという。北欧神話における戦争の女神も、ノルウェーの妖精の王も、クランズマンに加勢するというイメージがそこには託されていたといえるだろう。

グリフィス自身は、原作を踏襲した「クランズマン」というタイトルを考えていたという。けれども、映画を観たディクソンが、それではおとなしすぎると

★★★ Chris Gavaler, "*The Ku Klux Klan and the birth of superhero*", pp.191, 194

「國民の創世」というタイトルを提案したのだといわれている。★★☆

名作とされながら、この映画が今日ほとんど上映されないのは、ＫＫＫが主人公というきわめて偏った視点で撮られた映画であるためである。しかし、当時においては、ケンタッキー生まれのグリフィスやノースカロライナ出身のディクソンにとって、この映画はまぎれもなく公正なものであった。結果的に大成功をおさめたこの映画は、アメリカ再建期についての誤った考えを大衆化するのに大いに貢献することになった。

権威筋からの援護射撃もあった。たとえば、ディクソンの学友であった、同じく南部生まれの大統領ウッドロー・ウィルソンもまたホワイトハウスで行われたこの映画の試写を見て感激し、「雷で書かれた歴史である」という賛辞を贈ったとされている。★☆★

この小説と、そしてなによりも映画がきっかけとなって、一九一五年、ウィリアム・ジョセフ・シモンズ（William Joseph Simmons）によってアトランタでＫＫＫが再結成された。シモンズによれば、彼の父は南北戦争終結後アラバマでクランの将校だったということである。

KKKからプロモーターに支払われた一人勧誘するごとに二ドル五〇セントが

当初シモンズは「純粋に慈善的な」組織として再興することを意図していた。百パーセントのアメリカ主義とコーカサス人種の優越を強調する友愛団が意図されていたのである。ただし、気を付けなければならないのは、ここでいう友愛が、人類愛のことではなく、グループ外への排他性を意味していたということである。☆★★

当初は二千人足らずの小さな友愛団にすぎず、会員数は伸び悩んだ。けれども、シモンズが一九二〇年に導き入れた二人のプロモーターが、組織の急速な拡大を促進する結果となった。

KKKには財政的、愛国的潜在性があると踏んだ、エドワード・ヤング・クラーク（Edward Young Klark）とエリザベス・タイラー夫人（Mrs. Elizabeth Tyler）のことである。一人勧誘するごとに二ドル五〇セントの報酬を得るという契約で、彼らは勧誘活動を開始した。

★★☆ David M. Chalmers, *HOODED AMERICANISM: The History of the Ku Klux Klan*, Durham: Duke UP, 1987, p.26

★☆★ Chris Gavaler, "*The Ku Klux Klan and the birth of superhero*", op.cit., p.26

☆★★ David M. Chalmers, op.cit., pp.2-3, 28

彼らが利用したのは、人々が潜在的に抱いていたカトリック、ユダヤ人、黒人、東洋人、その他の移民にたいする恐怖と偏見であった。第一次世界大戦におけるドイツへの怒りが、身近な移民に向けられたのだという説もある。

いずれにせよ、この偏見につけ込むことによって、二人は最初の十八カ月で一万人以上の加入者を集めた。移民の流入によって国家が内側から危機に瀕しているというレトリックは、「百パーセントのアメリカ主義」というキャッチコピーで見事に表現されることになる。

ウィリアム・ジョセフ・シモンズ（1880-1945）：KKK の再興者としてのシモンズは、インペリアル・ウィザードと名乗り、権力を自分に集中させた。そのことが反撥を買い、さらにアルコール中毒者でもあったことから、内紛によって 1922 年にその地位を追われた。

会員数が増大するにつれて、人種差別的暴力が増加し、翌一九二一年には、『ニューヨーク・ワールド』紙が、クランについての連続取材記事を掲載した。この記事が契機となって、シモンズが議会に召喚されるという事態にも至ったが、シモンズは立て板に水の弁舌で、自分たちは友愛に基づいた慈善団体であり、暴力行為を行っているのは別の犯罪者たちであると見事に言い逃れをした。結果的には、KKKの暴力を憂えたはずの新聞記事が、無料の広告となってしまった★☆☆。

南部限定の集団であったKKKは、この記事を通して全国区の注目を集めることとなり、あっという間にKKKのメンバーは五〇〇万人にまで膨れ上がった。しかも、そのような集団がこの時代にはそれなりに社会に容認されていたのである。一九二三年の『ブラックマスク』誌には、誘拐された犠牲者をKKKが救い出し、「暴力を使ったが、善のためだった」と保安官に賞賛されるという物語が載せられたりした☆★☆。

ディクソン自身も、実際の復興の十年前に、クラン復興の指導者となることを打診されたことがあった。「アメリカ・アーリア同盟」「ホワイト・ハート・リーグ」「クランズマンの息子たち」といった組織名が提案されもしたが、ディクソン自身は、まだ時期尚早であると断った。結果、実際にクランが再興されたとき、

★☆☆ Kenneth T. Jackson, *The Ku Klux Klan in the City 1915-30*, NY: Oxford UP, 1967, pp.9-10, 12

☆★☆ Chris Gavaler, "*The Ku Klux Klan and the birth of superhero*", op.cit., pp.191, 193

デイヴィッド・ヴァーク・グリフィス（1875-1948）：それまでのワンシーンワンカットの映画から、複数のショットを重ね合わせる技法によって映画の撮り方に革命をもたらした。モンタージュ、カットバック、クローズアップなど今日の映画の基礎を作り上げたことから「映画の父」と呼ばれることもある。代表作は『國民の創生』『イントレランス』など。『國民の創生』は大ヒットを記録し、アメリカにKKKが再興されるきっかけとなった。

クエンティン・タランティーノ監督が2012年に製作した映画『ジャンゴ　繋がれざる者（Django Unchained）』は、『國民の創生』を黒人の視点から描き直したものとも評された。黒人の主人公ジャンゴが、白人の奴隷となっている妻を救出するというのがメインのストーリーであるが、醜い白人にレイプされそうになっている黒人女性を救うというプロットなど、『國民の創生』の主人公ベン・キャメロンの行為を、白人と黒人を逆転して描き直したものとなっている。

ディクソン自身が直接かかわるということはなかった。けれども、次に見るように、彼が再興されたＫＫＫに間接的に与えた影響は、ある意味でそれ以上のものであったともいえる。

2.2. KKKのイメージを作り上げたディクソン

クー・クラックス・クラン（Ku Klux Klan）という呼称は「円」を意味するギリシャ語「Kuklos」に由来する。集団あるいは友愛団を意味しており、つながった円の紋章で表される。しかし、気を付けなければいけないのは、第一期のＫＫＫには決まった衣装も紋章もなかったということである。

今日われわれがイメージするＫＫＫの扮装は、実はディクソンの小説とグリフィスの映画によって案出され、再興されたこの時期のＫＫＫによって初めて採用されたものであった。つまり、マスクをした姿、そして第二作において導入された仲間を召還し組織するための燃える十字架（Fiery Cross）の紋章、さらにはその特異なコスチュームとその胸に冠せられたアイコンなどはすべて、再建期の組織の物ではなく、ディクソンが作り出したものだったのである。

コスチュームが不可視の帝国の恐怖をもたらす

『クランズマン』の主人公グランド・ドラゴン（ベン・キャメロン）の胸には交差する赤い十字架と二つの黄色い円が配された。また、『國民の創生』のポスターに描かれたナイト・ホーク（Night Hawk）はケープを背中になびかせてもいた。

重要なのは、グリフィスの『國民の創生』のなかで、ネグロの支配下にある故郷で黒人の横暴と白人の堕落に心を痛めていたベン・キャメロンが山で悩む場面である。そのとき、キャメロンは白人の子供たちが頭にシーツをかぶって隠れる

のを見る。その動くシーツを見た黒人の子供たちがお化けを見たと恐怖に駆られるのを目撃したキャメロンは啓示を得る。映画版ではその場面に、実際に「啓示(Inspiration)」という字幕が映し出される。次の場面には、コスチュームをつけて馬に乗ったクランたちがモンタージュされて登場することになる。黒人に白い幽霊となって恐怖を与えることが、コスチュームの目的だということがここで明らかになる。

ベン・キャメロン
:『國民の創生』の主人公。オースティンの策謀で力を得た黒人たちは，この映画で選挙権を獲得し、白人との結婚を合法化する。白人社会にとっての混血の恐怖こそが、キャメロンを動かした深層の動機だともいえる。

　このコスチュームを彼らは毛布に包んで馬の鞍に隠している。普段は普通の姿で暮らしており、森でこっそりと着替えて現れるのである。だからこそ、彼らは「不可視の帝国（Invisible Empire）」を自称することができるのだ。黒人の側からすれば、どの白人がKKKなのかまったく識別不能であり、それゆえ彼らの恐怖は、その帝国の不可視性によっていや増しに増すことになる。

KKK
：20世紀初頭にKKKが急速に拡大した背景には、「付き合い」の要素もかなりあったと言われている。たとえば、本当は差別意識を持っていなくとも、商売をうまく続けるためには、顧客たちが入っている団体に入るしかなかったというような事情であった。

2.3. KKがスーパーヒーローの発想源

これだけでも、KKKとスーパーヒーローとの結びつきは十分明らかだろう。なぜなら、一九三九年に登場するスーパーヒーローは、森ではなく電話ボックスで隠し持ったコスチュームに着替えるのであり、その背中にはケープがなびき、その胸にはSというアイコンが刻まれていたのだから。

また、『バットマン』の主人公ブルース・ウェインがコウモリの紋章を採用したのも、幼少期に自分に恐怖を与えたもの、すなわち内なるトラウマ的恐怖を、逆に外化して、悪漢たちに恐怖を与えるものへと転用したのではなかっただろうか。恐怖を与えるためのコスチュームという意味では、バットマンもまたディクソンに負うところが大きいわけである。

燃える十字架もまたバットシグナルの原型といえるのではないだろうか。またキャメロンはＫＫＫの秘密の集会所を洞窟に設けるが、これもまたバットケイブの遠い起源と見なすことができる。

第一のねじれ――白人至上主義的起源隠蔽された

さらに、スーパーマンは危機に瀕した国家の利益のために、秘密裡にそして法を犯してまで行動するが、本質的には愛国主義者であり国家に忠誠を誓う存在である。そして、その意味ではＫＫＫも同じ位相にあったといえる。

キャメロンもまた、国家を後ろ盾とする解放奴隷たちの「ネグロリーグ」から南部を解放するために戦うのであり、弱きを助け、無法をただすというのが彼らの宣言だったのだから。彼らは、再建期の法は憲法に反しており、愛国主義的ではないと信じている。そして、自らの真実・正義そしてアメリカのために戦っているのである。

スーパーマンは故郷喪失者であるが、KKKの構成員たちもまた、敗戦し故郷を破壊された南部を使命の源としていたし、主人公キャメロンは、南部のエリート階級だったが、再建期に一時的に貧困化し、落ちぶれた名門の出身者（blue-blood）であった。いわば貴種流離譚の要素を確実に持っていたのである。

さらに、ディクソンは「幽霊のような影の列」がものすごい速度で駆けつける、といった描写を通して、キャメロンやその仲間たちをある種超自然的な力を持った存在として描きもしていた。

マーベル社のコミック原作も手がける作家のダニー・フィンゲロス（Danny Fingeroth）は、「扮装のアイデア」が「主要で確かなスーパーヒーローの定義そのもの」であると述べているし、ミシガン州立大学のアメリカ文化研究者であるホッペンスタンド（Gary Hoppennstand）は、二重のアイデンティティーを持つのがヒーローであるとしている。またディランも、スーパーヒーローは偽りを抱えて初めて機能すると述べている。[★★★]

ディクソンの小説とグリフィスの映画以降、一九三九年のスーパーマンが登場するまで、どのダイムノベル（一冊一〇セント、つまり一ダイムで売られていた大衆向きの娯楽小説のこと）にもこのようなすべての要素を兼ね備えた英雄は登場していなかったことを考えると、まさにスーパーマンやバットマンはディクソンの描いたＫＫＫの直接の子孫であったことが明らかになる。[★★☆] もっとも、ＫＫＫから借りてきた要素を利用しつつも、それをスーパーマンに当てはめる際には、白人至上主義的な起源は隠蔽され、存在の位相は一八〇度裏返されたのだということがわかるだろう。これが第一のねじれである。

★★★ Danny Fingeroth, *Superman on the couch: What Superheroes really tell us about Ourselves and Our Society*, NY: The Consinuum International Publishing Group Inc, 2004, p.59; Gary Hoppenstand ed.,*The Dime Novel Detective*, Bowling Green University Press, 2000, Introduction

★★☆ Chris Gavaler, op.cit., pp.192-204

3. スーパーヒーローのエートスの由来

このようにスーパーヒーローが暗い起源を持つことが明らかになったわけだが、問題はそれでは終わらない。なぜなら、スーパーマンは白人至上主義は隠蔽したものの、やはり白人であり、そしてなによりもＫＫＫの基本的なエートスを引き継いでいるからである。

すなわち、自警主義である。

自警主義（Vigilantism）をオックスフォード英英辞典で引いてみると、次のように定義されている。

A member of a self-appointed group of citizens who undertake law enforcement in their community without legal authority, typically because the legal agencies are thought to be inadequate.

つまり、特に法が不十分であると考えられたときに、法の後ろ盾なしに独自の法を執行する共同体の構成員という意味になるだろうか。

今日多くのアメリカ人は自警主義をリンチのイメージで捉えている。それでいながら、なぜ彼らはその自警行為を行うスーパーヒーローたちを賞賛しあこがれるのだろう。

そもそも、ヨーロッパで社会契約という概念が出てきた経緯を振り返ってみると、そこには自警（＝ホッブズのいう自然状態）を遠ざけるという意図があったことがわかる。なぜなら、①自然状態には法がなく、②公正な審議がなく（情熱と復讐）、③至高権力がないからである。自警の放棄こそが社会契約であり、国家の成立の要件だったはずなのである。ホッブズもロックも自衛ははずせない権利であるとは認めたものの、社会に入ったときにはその判断を譲り渡すべきだとしたのである。

ところが、この自警という概念は、それをアメリカという国家の文脈において考えてみるとき、一筋縄では行かない意味を持っていることがわかってくる。★★★なぜなら、そもそもアメリカという国家そのものが自警行為の結果として誕生したからである。ここに第二のねじれが潜在している。

第二のねじれ――アメリカ国家を生んだ自警主義

通常自警行為のイメージは十九世紀のフロンティアに求められることが多い。つまり、一八四〇年代以降、開拓地をわがものとできるというホームステッド法などを背景として、フロンティアの開発が起こったことはよく知られている。新しい開拓地では法も未整備であったし、教会や学校や団結力のある共同体なども存在しないか、あるいは形成中であった。つまりそこはホッブズらのいう自然状態だったのであり、言い換えるならば無法地帯であったのである。

★★★ Timothy Lenz, "*Republican Virtue and the American Vigilante*", Legal Studies Forum, vol.12, No.2, 1988, p.126

一例として、有名な西部劇『シェーン(Shane)』(一九五三年)を取り上げてみよう。

この映画は、一八八九年から九三年にかけてワイオミング州で実際に起こった「ジョンソン郡戦争」と呼ばれるできごとを下敷きにしている。

巨大な自警団を形成していた牧畜業者の集団が、ホームステッド法に誘われて開拓にやってきた小規模な農民集団を追放しようとしたことが発端となり、同じく自警団と化した農民集団と、牧畜業者が相争ったというできごとである。牧畜業者たちは武装したガンマンたちを雇用し、農民たちもまた武装集団と化してこれに応じた。最終的にはベンジャミン・ハリソン第二十三代大統領の介入

『シェーン』
:シェーンの敵は牧畜業者の自警集団である。カウボーイは、アメリカのヒーローイメージの原型である。その背景には、おとなしく従順な羊を飼い、その毛を売ってほそぼそと稼ぐ羊飼いとは異なり、荒々しい牛を御し、その肉を売って大金を稼ぐマッチョなタフガイのイメージがあった。

によって、争いは終結し、小規模農民集団は追放されずに済んだ。

映画では、この牧畜業者たちが雇ったガンマンに対し、小規模農家のうちの一軒に寄宿したさすらいのガンマン、シェーンが戦いを挑んで勝利し、農民たちを救って去るというストーリーになっている。

いずれにせよ、この映画には正規の警察や国家の軍隊は登場しない。描かれているのは、自警主義と自警主義のぶつかり合いなのである。

十九世紀の自警運動は サンフランシスコ自警委員会で 頂点を迎えた

自警主義を肯定する土壌としては、成文法によるのではなく、判例法をよりどころとするイギリス由来のコモンロー的な発想と、ピューリタンにそもそも潜在していた法への不信感（たとえば、信仰心のみが大切であり、あらゆる戒律は不要であるとする、十七世紀イギリスの反律主義〔antinomianism〕以来のキリスト教の流れ等）があった。それゆえ、フロンティアの無法状態を前にしたとき、自前の社会秩序を一時的に作り出す自警主義が当然のごとく要請されたのであった。

そこでは国家の法律とはまったく別の次元で、それぞれの共同体にとっての正義を遂行するための自警組織が作られ、犯罪者への刑罰が行われた。自警運動には、サウスダコタ州ピエールでの十二〜十五人程度のものから、一八五六年のサンフランシスコ自警委員会の六〇〇〜八〇〇名のものまでさまざまなサイズがあった★★☆。

規模、そして影響力において、十九世紀の自警運動の頂点だったといえるのが、このサンフランシスコ自警委員会である。自警組織が、街から政権党を追放し、自分たちの長を立てて、理想的なサービスと安定を実現するという、ある種のクーデターを成功させたのであるから。

自警組織のリーダーは多くの場合、その地域のエリートであったが、サンフランシスコ自警委員会の場合は、ビジネスマンであったベネット・ライリー(Benett Riley)という人物が独自の警察組織を作りあげた。

ただ、この委員会の主たる目的は、犯罪や無秩序への対抗ではなかった。主眼が置かれていたのは、むしろ地方の政治的・財政的改革であった。

サンフランシスコ自警委員会：彼らは厳罰主義で、強盗だけでなく、窃盗、さらにはちょっと人のものをくすねるという程度の犯罪にも「絞首刑」を適用するという警告文を貼り出していた。

★★☆ Richard Maxwell Brown, *Strain of Violence*, NY: Oxford UP, 1975, p.86; Christian G. Fritz, "*Popular Sovereignty, Vigilantism and the Constitutional Right of Revolution*", Pacific Histrical Review, 1993, p.46; Timothy Lenz, op.cit., pp.119-20

具体的には、当時下層階級であったアイリッシュ・カトリックの支持を受けていた民主党から、支配権を取り戻そうとしていたのである。そこにはアイルランド人に対する人種的偏見が潜んでおり、さらには主導権を握ることでビジネスの推進を図るということも意図されていた。

しかも、当時はこうした自警主義を、法律家も肯定する傾向があったのである。すなわち、法廷が機能不全で、法が不完全で、警官が腐敗しているような場合には、自警委員会の存在は正当であるといった議論がなされたのである。

保守主義者たちによって、憲法そのものを自警主義に対して肯定的なものへと改正するという動きは阻止されたものの、十九世紀には舞台は国家レベルから州レベルへと移された。州の法律のなかで、国民主権の議論を元に、自警主義と法令改正を結びつけることが試みられたのであった。

自警委員会が母体となって私的軍隊が組織され やがて警察組織に発展した

また、この自警委員会が前身となって、サンフランシスコには全国に先駆けて、高いレベルの官僚的職業意識に貫かれた警察組織が南北戦争の頃までに確立されることになった。

自警委員会ができた一八五六年の夏、大規模な私的軍隊が街をパトロールし始めた。それは、ドクター・バーク（Dr. Martin J. Burke）を署長とする独自の警察組織であった。自警主義者たちは、①国の党には市の問題への干渉権はないと考えており、②財政的保守主義という強力なイデオロギーを持っていた。これが、新しい警察の方向を決定づけることとなる。

つまり、バークは、人民党が掲げていた経済、効率、反国家のイデオロギーに準じて警察を運営したのである。ちなみに「人民党（People's party）」という名前は、「国家の党（national parties）」の介入を受けない、市民たちによる自治を意味

★☆★ Philip J. Ethington, "*Vigilantism and the Police: The Creation of a Professional Police Bureaucracy in San Fransico, 1847-1900*", Journal of Social History, vol.2, No.2, winter 1987, pp.124, 128, 204; Christian G. Fritz, op.cit., p.48

☆★★ Ibid., pp.43, 56

しており、南北戦争後にはよりわかりやすく「納税者党（Taxpayer's party）」と改名されている。★☆☆

つまり、国の政治とは無関係に、ビジネスマンが自分の仕事をこなしやすいように、市の政府が経済を中心とした運営をするのを支えようとしたわけである。国家の党に所属しないことと、経済的効率を優先させるという理想とが、結果的に官僚的な公正さとして私的な警察組織の運営に反映され、これがのちの官僚的職業主義につながったわけである。

火事が多かった一八六四年に市が設営した火事電報ネットワークを引き継いで、バークはこれを警察電信機（Police telegraph）という連絡網へと発展させもした。一八五六年の自警委員会は、下層階級とのあからさまな紛争を含んでいたし、人種的に差別的だった。だが、彼らの、効率的な政府運営と警察組織を整えるという発想があったからこそ、官僚的職業主義に貫かれた優れた警察組織が、全国に先駆けて創設されもしたのであった。☆★☆

当初の自警運動では、犯罪者に対してむち打ちや追放が一般的であったが、一八五〇年代を通して徐々に絞首刑が慣例的な判決となっていった。かくして、無法状態に自前の法つまりは無法をもって対峙する自警主義はフロンティアで増殖していき、その系譜上に現れた革命ホイッグ党、北部の奴隷廃止論者、南部の議事妨害者、ホワイト・キャップスなどと並んでKKKも登場したのであった。☆☆★つまり、KKKは決して突然変異的に生まれた自警集団だったのではなく、フロンティアの歴史を背景として猖獗《しょうけつ》を極めた無数の自警運動の流れのなかに位置づけることができるものなのである。

コミュニティーの見張り役＝ウォッチメンがアメリカ独立革命につながった

しかし、実際には自警主義はフロンティアの必要が生み出した十九世紀特有の産物だったわけではなかった。よく考えてみれば、初期の入植地には「夜警（ナイトウォッチ）」と呼ばれる見張り番がいた。入植地では夜間の外出が禁止されていたが、その規則を破る者を監視することや、インディアンの襲撃や台風などの災害への警戒が彼らの仕事であった。これこそ必要に迫られた自警行為であっ

★☆☆ Philip J. Ethington, op.cit., p.203

☆★☆ Philip J. Ethington, "*Vigilantes and the Police:The Creation of a Professional Police Bureaucracy in San Francisco, 1847-1900*", Journal of Social History, Vol.21, No.2, winter, 1987, pp.197-227

☆☆★ Philip J. Ethington, op.cit., pp.109-110, 132

たといえるだろう。つまり、自分たちのコミュニティーを自分たちで守るための見張り役（ウォッチメン）たちだったのである。☆☆☆ とすれば、アラン・ムーアの『ウォッチメン』は、アメリカの自警主義の起源に存在した者らの名を、その作品タイトルに冠したのだということができる。

そして、この初期入植地の自警という考え方を推し進めたものが、アメリカ独立革命だったのではないだろうか。アメリカ独立革命とは武力、すなわち暴力による独立の達成であった。そこでは、暴徒や人民の反乱がイギリスに抵抗する合法的な手段として正当化された。一般人たちが武器を手に、自分たちの正義を掲げて宗主国イギリスと戦ったのであった。それは国家規模の自警主義だったということができるだろう。そうした行動を根底から支えた思想が国民主権というものであった。★★★

独立宣言には、政府が人々の侵すべからざる権利（生命・自由・幸福の追求）を侵害したときには、変革、廃止権を国民が持つと書かれている。人々の同意が究極の正当化の根拠であるというものであったのである。たとえば、一七七〇年に交付された初期アメリカの州の条例には、国民主権のはらむ革命的意味が明らかに予測されていた。たとえば、ヴァージニア州の法案には、「すべての権力は国民に帰属し、その結果国民から引き出される。すなわち、治安判事は彼らの信任を得た僕なのであり、いつでも変更可能なのである」と記されている。★★☆

永遠の自警は自由の代償である——トマス・ジェファーソン

あるいは、独立宣言の起草者であり、「革命のペン」と呼ばれもした第三代大統領トマス・ジェファーソンが国民の理想像とした「能動的市民（vivere civile）」とはなんだっただろうか。

ジェファーソンによれば、連邦法は生きている世代にのみ属するものであり、「文書法に誠実に従うことで国を失うことは、生命・財産とともに法を失うことになり、……それゆえおろかにも手段のために目的を犠牲にすることである」と述べ、市民が法を手中にすべしと語ったのである。「国民」の概念を立憲主義における受け身の存在から、連邦制を強制執行し、修正する能動的役割へと転換

☆☆☆ https://sites.google.com/site/colonialjobs/night-watchman
★★★ Christian G. Fritz, op.cit., p.40; Philip J. Rthington, op.cit., p.116
★★☆ Christian G. Fritz, op.cit., pp.40, 44

する政治的伝統がここに始まった。国家の法が誤っているときは、それを自ら是正する。そんな、行動する市民を、ジェファーソンは理想としたのである。

十九世紀に自警主義を肯定するジェファーソンの言葉としてよく引用されたも

「永遠の自警が自由の代償である」
：この像は、ワシントンDCアメリカ国立公文書記録管理局の近くに置かれている。子どもを抱いた女性の像「（先祖伝来の）遺産（Heritage）」と対になった「守護（Guardianship）」と呼ばれる像である。

★☆★ 実際には、19世紀の奴隷廃止論者であったウエンデル・フィリップス（Wendell Philips）が、1852年にマサチューセッツ州で開かれた反奴隷制の集会での演説で使った表現であるようである（THE FAMOUS QUOTATIONS AND PHRASES LINKED TO EACH DAY OF THE YEAR を参照。http://www.thisdayinquotes.com/2011/01/eternal-vigilance-is-price-of-liberty.html）。この言葉はワシントンにあるアメリカ国立公文書記録管理局の南側に建てられた「守護（Guardian）」という彫像の土台にも刻まれており、アメリカという国家の根本的な発想のひとつであることを窺うことができる。

のに、“Eternal vigilance is the price of liberty” というものがある。「自由を得るためにはその代償として、永遠に自警を続ける必要がある」といったほどの意味であろう。★☆★ 第七代大統領アンドリュー・ジャクソンと第二十六代大統領セオドア・ルーズヴェルトも、そのような自警運動を強く肯定したといわれている。☆★★

アメリカの政治哲学の四つの側面は、国民主権、法の道具的概念、政府の契約理論、共和制的価値であり、これらはどれも法への参与が暴力を伴うことを否定しない。それ故、十九世紀においては法律家でさえも、自警主義を肯定するものが多かった。

先に見た一八五六年のサンフランシスコ自警委員会も、自分たちを正当化するために国民主権の理論を採用した。正義とは合法的プロセスと超法規的な犯罪抑圧の連続体であり、法律を守るのは大切だが、犯罪をなくすことはもっと重要である。それゆえ、国民主権の原理に基づき、超法規的行為を取ることが可能となる、といったものであった。★☆☆ それは、極端にいえば、革命の権利すら安全に行使しうるのだということにもつながる考え方であった。

さらにいえば、自警主義とは個人が法となることである。アメリカ人の訴訟好きも、自分の利益となるように法を自己流に利用しようとする行為であり、そこ

☆★★ Timothy Lenz, op.cit., p.130, 132; Christian G. Frita, op.cit., p.42; Philip J. Rtinghton, op.cit., p.126

★☆☆ Christian G. Fritz, op.cit., pp.40, 53

には法の道具的概念と同時に、自警的な発想も潜在していると考えることもできる。この点については、トクヴィル（Alexis-Charles-Henri Clérel de Tocqueville）が、アメリカ人には法への不敬が深く刻み込まれているとつとに指摘していた。社会的・政治的問題に対し訴訟がしばしば行われるのは、法に権威があるからではなく、法が「役に立つ道具」だからであるというわけだ☆★☆。

リンカーンは、一八三七年に法の無視が国中に蔓延していると警告した。自警主義は肯定されると同時に、危惧されるものでもあったのである。

なぜなら、自警行為には根源的に破壊的性格、アナーキーな性格があるからであり、究極にはそれは国民が「革命権」を持つという論理にすら発展しかねないものだったからである。

十九世紀の共和制的な思考において、市民と政府の関係はもっと近いものとイメージされていた。政府は国民に対して、常に説明可能性と対応性を持つ必要があるとされた。なぜなら、政府は国民の僕であり制御下にあるものだからというわけである。

このような風土の中で、保守派は、革命の権利を憲法概念や政治形態と融合させるための方策として、国民主権を前面に出した。「国民」が政府の正当性の唯一の基礎であり、国民にはいつでも政府の改革、変更、廃止を要請する権利があると主張したのである。これは国民が革命の権利を持つというのと、ほぼ同義ということになる。☆☆★

人民による支配に対する法の支配の優越が自警主義を困難にした

国民主権は、別のかたちで悪用されもした。一八四〇年代に民主党議員だったスティーブン・A・ダグラス（Stephen Arnold Douglas）が自分の所有地での奴隷制度を擁護するための理論としてこれを使ったのである。つまり、奴隷制を維持するか否かは国家の問題ではなく、準州レベルで「準州の主権」のもとで決定されてしかるべきだという論法のものであった。☆☆☆

反対論者たちは、国民が革命権を持つというこの考え方に恐怖を抱いた。それは、誰もが自己主張をし始めて収拾がつかなくなる無政府状態への恐怖だったと

☆★☆ Timothy Lenz, op.cit., pp.123-4; Philip J. Rthington, op.cit., p.132
☆☆★ Christian G. Fritz, op.cit., pp.42, 45
☆☆☆ Philip J. Rthington, op.cit., p.116; Christian G. Fritz, op.cit., p.45

スティーブン・A・ダグラス（1813-1861）
：奴隷制だけではなく、彼は自分の選挙区に鉄道を通すためにも国民主権の理論を利用した。つまり、こうした事項は州の人民に決定権があるのであり、連邦政府や他の州の関与するところではないという論理である。

いえるだろう。こうして、徐々に国民主権を根拠とした自警主義は抑圧されていくことになる。

たとえば、一八四一〜二年に富裕層による選挙権の独占に反対してロードアイランドで起きた反乱でも、中産階級や移民からなる暴徒たちは国民主権を自分たちの行為のよりどころとした。しかしながら、一八四九年に最高裁は、これを否決し、たとえ多数派でも、法の枠内での行動しか許容することはできないとしたのであった。

このようにして、徐々に国民主権を根拠とした自警主義は抑制されていった。最終的には、十九世紀末に法システムの職業化が進んだことが、市民による法の行使への直接参加、すなわち自警主義を困難にした。かつての植民地では市民による監視が可能だったが、都市化が進むにつれて、職業としての警察にその機能が移管されていった。

また、スタンフォード大学の法学者であるデイヴィッド・ジョンソン（David Johnson）によれば、サンフランシスコの自警主義が「法の支配が、人民による支配に優越する」ことを受け入れたことで、法の支配が、国民主権に勝るという考え方へと移行していき、自警主義の革命性は抑え込まれていったのであった★★★。

かくして、ジェファーソン的な、政府の方向を決めるのは法ではなく人であるという概念に対する逆転がなされたのであった。

「正義のための暴力」というエートスがアメリカという国を成り立たせている

このように、アメリカの歴史を振り返ったとき、KKKの発生はある意味必然であったことがわかってくる。自己正当化のために既存の法を無視して暴力を使うことこそ、アメリカの隠された伝統だったからである。

歴史家のリチャード・リブマン・ルベンシュタイン（Richard Libman-Rubenstein）

★★★ Christian G. Fritz, op.cit., pp.42-43, 63, 66; Philip J. Rthingotn, op.cit., p.131; Timothin Lenz, op.cit., p.131

は、アメリカ人は暴力に対して「歴史的記憶喪失」に陥っていると述べている。★★☆独立戦争、南北戦争は神聖化され、黒人へのリンチやネイティブ・アメリカンの西への追放はおおむね忘れ去られている。現状を維持し、政治的社会的変化をもたらしたのが暴力であったという事実は無視され、あたかも平和裡にことが運んだように神話化がなされているというのである。★☆★

作家のクリス・ガヴァラー（Chris Gavaler）もまた、フロンティアが閉じられアメリカ帝国主義が海外に向かったとき、アメリカの作家たちは近い過去を贖いの暴力（Redemptive Violence）という用語で神話化し始めたと述べている。その典型的なヒーローとして導入されたのが、たとえばオーウェン・ウィスター（Owen Wister）の『バージニアン（*The Virginian*）』（一九〇二年）に登場する、無法なフロンティアで自警主義的正義を行うカウボーイだったのである。☆★★この作品は四度も映画化され、一九六二～七一年にかけてはテレビドラマ化もされた人気作となった。

政治学者であるティモシー・レンツ（Timothy Lentz）は、入植地の独立、革命戦争、インディアンとの戦い、そして南北戦争が「暴力は効果がある」という教訓をアメリカに与えたと述べている。暴力は、愛国・国粋主義と結びついて、建国以来連邦の保護、土地の奪取、労働特権、公民権改革などのさまざまな崇高な目的のために、愛国者、人道主義者、国粋主義者、開拓者、農夫、労働者、資本主義者などのあらゆる人々が行使してきた手段だったのである。★☆☆ だから自警主義の実践は、決してフロンティアの問題に対処するために初めて登場したものではなく、アメリカの長い自警の習慣に則ったものにすぎなかったのである。

かつて歴史家ジェームス・トラスロー・アダムス（James Truslow Adams）は、アメリカ人は従うことを選んだ法にしか従わないと述べた。つまり、アメリカ人にとって法とは私的利益や公的コントロールのための道具なのであり、そのことが

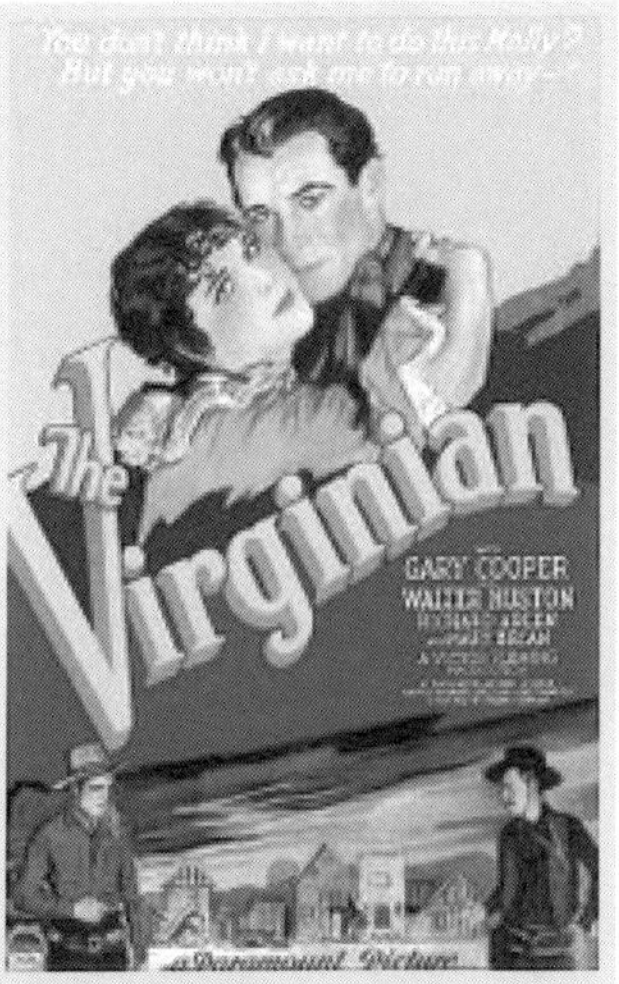

『バージニアン』
:『バージニアン』は何度も映画化、テレビドラマ化されており、最近でも2000年にテレビ用映画が製作されているほど人気のある西部劇である。

★★☆ Richard Libman-Rubenstein, "*Group Violence in America: Its Nature and Limitations*", In *Violence inAmerica: Historical and Comparative Perspectives*, ed. by H. P. Graham and T. R. Garr, p.437-454, Bevelry Hills and London, Safe, 1979

★☆★ Timothy Lenz, op.cit., p.121

☆★★ Chris Gavaler, op.cit., p.194

★☆☆ Timothy Lenz, op.cit., p.120

アメリカ人の訴訟好きを説明する背景ともなり得るだろう。☆★☆ さらには、今日の民兵の存在や、武器所有の主張の背景、さらには世界の警察を自称して、さまざまな場面でCIAによる工作や武力介入を繰り返していることにも、このことは連綿とつながっているといえるだろう。

つまり、スーパーマンをはじめとするスーパーヒーローたちが隠蔽しているのは、単にその起源が忌まわしいKKKであったということだけではなく、スーパーヒーローの持つ「正義（大義）のための暴力（を通した自警）」というエートスそのものが、アメリカという国を成り立たせている（あるいは成り立たせてきた）根

『チーム★アメリカ／ワールドポリス』(2004)
:『サウスパーク』の制作陣によるパペットアニメーションであり、テロリストを倒すためならパリの街だろうが、エジプトのピラミッドだろうが平気で破壊する国際警察チームアメリカは、まさに「自分たちの正義」に開き直ったどこかの国そのものである。

本的な思想に他ならないという事実なのである。

有名な法思想家であったロスコー・パウンド（Roscoe Pound）によれば、国民主権という「無邪気な概念」がリンチを養成したのであった。国民が「好き勝手に」法を作ったりやめたりできると信じられているときには、法への敬意は存在しないからである。そんなアメリカ的な「無邪気さ」こそが、スーパーヒーローの暴力を肯定する最大のよりどころとなっているようにも思われる☆☆★。

スーパーマンは KKK・ナチスドイツを倒すことで 自己の暗い起源を隠蔽する

KKKからすべてを譲り受けたスーパーマンだったが、一九四〇年代に放送されたラジオシリーズ『スーパーマンの冒険（*The Adventures of the Supmerman*）』において、ついにスーパーマンはKKKと対峙し、これを打ち倒すに至る。さらに第二次世界大戦時には、KKKの究極の進化形とも見なしうるナチスドイツとも戦

☆★☆ Chris Gavaler, op.cit., p.194
☆☆★ Timothy Lenz, op.cit., p.122

い、これを倒すに至る。☆☆☆ それは、歪んだ形での自己否定であり、究極の隠蔽作業でもあった。心理学的には自己の負の側面を抑圧する行為ととることもできるだろう。

いずれにせよ、スーパーマンや、仮面で正体を隠した戦士たちは、その鏡像であるKKK同様、法を自分のものにすることで、アメリカ史における大いなる悪ときわめて近接しているのである。そのことを指して、ボロウ・オブ・マンハッタン・コミュニティー大学で文学を講じているジェフ・クロック（Geoff Klock）は、「スーパーヒーローは、犯罪者の一種、すなわち自警主義者である」と述べている。つまり、文化批評家のガーション・レグマン（Gershon Legman）が指摘するように、スーパーマンの枠組みは本質的にはリンチなのである。

悪に対し贖罪的暴力をふるう世俗の道徳物語がスーパーヒーロー物語なのであり、そこには反民主主義的な価値やファシスト的な熱狂が潜在している。

ショーン・トリートは、それは大恐慌の不安と、第二次世界大戦につながったファシスト的魅惑から生まれた、民主主義的価値の暗黒面であると指摘している。

映画『チャイルド・プレイ』（一九八八年）やピーター・ジャクソン版『キング・コング』（二〇〇五年）の原案を作成した作家であるマシュー・J・コステロ

(Matthew J. Costello) は、筋肉ムキムキのスーパーヒーローが左翼的目的を掲げる不釣り合いを「ファシストの美学によるリベラリズム」と名付けた。

メディア理論の先駆者として知られるマーシャル・マクルーハン (Marshall McLuhan) は、『機械の花嫁』(一九七四年) において、スーパーヒーローは軍事的世界観を促進し、アメリカ的ファシズムを表す、好戦的プロパガンダの魅力的なかたちであると論じた。★★★

ハリウッドは全体主義との戯れを示すロールシャッハの模様である——スラヴォイ・ジジェク

さらに、フランスの思想家であるスラヴォイ・ジジェク (Slavoj Žižek) は、ハリウッドは全体主義との空想の場での戯れを示すロールシャッハの模様であると述べている。具体的には、ジャック・バウアーの『24 -Twenty Four-』に見られる時限爆弾的シナリオは、法を犯す暴虐行為も、「必要性」という厳しい義務の

☆☆☆ Wallace Harrington, "*Superman and the War Years: The Battle of Europe Within the Pages Of Superman Comics*", http://www.supermanhomepage.com/comics/comics.php?topic=articles/supes-war
★★★ Marc Dipaolo, op.cit., pp.19, 23

ためであれば、倫理を放棄することもやむを得なくなる、という内容のものであり、『スター・ウォーズ』のダース・ベイダーは、善を押しつけたいというファシスト的熱情のために悪に帰依し、『マトリックス』のネオが「ザ・ワン」とされることは、道具化された受動性に対しては自由な行動者が英雄的な空想とならざるを得ないからである、といったことを挙げている。★★☆

こうしたスーパーヒーローの性格は、上述したような起源の隠蔽に伴うねじれによって生み出されたものだということが、歴史を辿ってみればよくわかるのではないだろうか。

★★☆ Shaun Treat, op.cit., p.106

4. 優生学とその否定

さらにひとつもうひとつの隠蔽を付け足さねばならない。

ともに東ケンタッキー大学の英文学者であるハル・ブライズ（Hal Blythe）とチャーリー・スイート（Charlie Sweet）は、一九八三年にスーパーヒーローの「六段階の進化」について書いた。そこには、スーパーヒーローの六つの特徴が挙げられている。すなわち「スーパーパワーを持つ」、「人間である」、「秘密のアイデンティティーを持つ」、「成人した白人男性で、隠れ蓑のアイデンティティーではホワイトカラーの仕事についている」、「全能ではなく力が制限されている」、

「道徳的に優れている」ので違法な活動をしても「読者は誰も彼が違法行為をしているとは思わない」などである。★★★

最後のものについては、その秘められた背景をわれわれは既に見てきたわけだが、残りの項目の中でももっとも違和感を感じさせるのは「成人した白人男性で、隠れ蓑のアイデンティティではホワイトカラーの仕事についている」という部分ではないだろうか。なぜ、スーパーヒーローは白人で、そしてホワイトカラーなのか、ということである。たとえば、映画学者のマルク・ディパオロ（Marc Dipaolo）は、クリプトン星から来たスーパーマンとヒトラーのアーリア人種の「超人」との間には、居心地の悪い類似性があると述べているが、これはそのことと関係があるのだろうか。★★☆

二十世紀初頭のアメリカで**超人**を科学の力によって実現しようとする社会風潮——**優生学**があった

それを探るためには、もう一度歴史をさかのぼる必要がある。つまり、最初のスーパーヒーローであったスーパーマンについて考えるということである。

スーパーマンとは超人である。けれども、ニーチェの「超人（Übermensch）」の英語訳もまたスーパーマンだったのではなかっただろうか。そして、二十世紀初頭のアメリカにおいて、このニーチェ的な超人を科学の力によって実現しようとする社会風潮があったことは、記憶に新しいところではなかっただろうか。実際、カーネギー財団などが、この風潮を後押しするために巨額を投じもしていた。すなわち「優生学」である。

優生学とは、科学技術によって人間を進化させるという最初の試みであった。つまり、ユートピア的なヴィジョンが背景には潜んでいた。科学の力を用いて、「より強く、賢く、倫理的な人間」、あるいは「制御された、生産的で、訓治された身体」を作り出すというのがそれである。それゆえポストヒューマンの研究者であるスコット・ジェフリー（Scott Jeffrey）は、黄金時代のスーパーヒーローは、優生学的な「ニューマン（New Man）」と切り離して考えることはできないと述べている。★☆★

黄金時代とは、一九三〇年代から五〇年代までの、スーパーヒーローが完璧な

★★★ Chris Gavaler, op.cit., p.201

★★☆ Marc Dipaolo, op.cit., p.19

★☆★ Scott Jeffrey, “*Producing and Consuming Posthuman Body in Superhero Narrative*”, humanity+magazine, 2013, http://hplusmagazine.com/2013/01/26/producing-and-consuming-the-posthuman-body-in-superhero-narratives/, p.12

存在として描かれた時代のことを指している。たとえば、キャプテン・アメリカは、最初は軍への「不適応者」であったが、軍が開発した特殊な薬品の実験台となることで、完璧なスーパーヒーローへと進化した。こうした展開の背景には、明らかにダーウィニズム的な進化の匂いがある。

冒頭で見た、『Mr.インクレディブル』の場合は、逆に進化しすぎた存在が、一般人で構成される社会に「適応（fit in）」しようとする物語であった。俗流ダーウィニズムが、アメリカ社会において持つ強制力の強さを、ここにはうかがうことができるだろう。

ヒトラーの支配的民族としてのアーリア人種もまた、ニーチェ的な超人の一種として構想されていたものであり、ナチスのホロコーストの背景には、明らかに優生学的な思想が潜在していた。

逆にいえば、アメリカでは優生学的思想は、せいぜい移民制限や断種法にとどまったのが、ナチスがこれを彼らのいうところの劣等遺伝子の殲滅、すなわちホロコーストへと極端に押し進めたせいで、優生学は完全に立ち消えになったのでもあった。

カリフォルニアはアメリカ優生学運動の中心地だった

これが一般的な優生学についての見方であろうけれど、実際には、「ブロンドの青い目をした支配的北欧人種」の概念は、ヒトラーのオリジナルではなかった。もとはイギリス起源であったものがアメリカに渡り、ヒトラーが権力を握る十年前にアメリカで盛んになり、主としてカリフォルニアで育まれた、というのが実情なのである。「カリフォルニアはアメリカの優生学運動と、民族浄化の宣伝において、重要な役割を果たした☆★★」のであった。人権問題、とりわけナチスの問題を追い続けてきたアメリカのジャーナリストであるエドウィン・ブラック（Edwin Black）は、特にカリフォルニアの優生学運動とナチスとの強い結びつきについて書いている。

彼によれば、二十世紀初頭においてカリフォルニアはアメリカにおける優生学運動の中心地であった。優生学などという奇態な学問がなぜこれほど、アメリカ

☆★★ Edwin Black, "*Eugenics and the Nazis: the California connection*", SFGate, 9.11,2003, http://www.sfgate.com/opinion/article/Eugenics-and-the-Nazis-the-California-2549771.php, p.1

で力を持ち得たのかというとその背後に、カーネギー研究所、ロックフェラー財団、ハリマン鉄道の富があったからであった。彼らは、スタンフォード、エール、ハーバード、プリンストンなどの有名大学に巨額の投資をして、優生学研究を推奨したのである。

一九〇四年にカーネギー研究所は、ロングアイランドのコールド・スプリング・ハーバーに優生学の研究所を設立した。ハリマン鉄道は、ニューヨークの産業移民局のような各地にある慈善団体に資金提供をし、ユダヤ人、イタリア人、その他の移民を探し出して強制送還したり、抑留したり、不妊手術を強制したりすることを後押しした。ロックフェラー財団は、ドイツが優生学プログラムを打ち立てる手助けをし、のちにアウシュヴィッツ強制収容所の主任医官としてユダヤ人たちをガス室送りにしたヨーゼフ・メンゲレ（Josef Mengele）が在籍していたプログラムにすら出資していた。★☆☆

そしてパサデナの人間改善団体（Human Betterment Foundation）やアメリカ優生学協会（AES）のカリフォルニア支部などが、偽科学的雑誌などを発行し、ナチスへのプロパガンダも行っていたのである。

アメリカ流優生学は遺伝の概念を人間の知的性格にも当てはめた

優生学の起源は、一八六三年にダーウィンの従弟《いとこ》であったフランシス・ゴルトン卿（Sir Francis Galton）が、もし才能のある人間同士が結婚すれば、より良い子孫が生まれるだろうと理論づけたことに求められる。このゴルトンの思想が、二十世紀初頭にゴレゴール・メンデルの遺伝の原理の再発見と結びついたために、メンデルがエンドウ豆やトウモロコシや家畜の牛にあてはめた遺伝の概念が、人間の知的性格にも当てはまるというアメリカ流優生学が誕生することになったのであった。

当時のアメリカは移民が増加すると同時に、再建期後の混乱の中にあり、いたるところに人種的な葛藤が存在していた。エリート主義者たち、ユートピア主義者たちなど、いわゆる進歩的な人々が、より良い世界への希求と人種的・階級的恐怖をむすびつける土壌は整っていた。

★☆☆ Edwin Black, op.cit., p.2

彼らはブロンドで碧い眼の北欧系にあこがれた。彼らのみが地球を継承する権利を持つと考えた。その他の黒人、アジア系労働者、インド人、ヒスパニック、東欧系移民、ユダヤ人、髪の毛の黒い山暮らしの人々、貧民、虚弱者、その他遺伝的に劣っていると見なされた血筋は、隔離や不妊化によって根絶やしにすることが目指された。

カーネギー財団の支援を受けたアメリカ育種家協会（American Breeder's Association＝ABA）の優生学部門による一九一一年の報告書には、十八の解決方法が記されていたが、その第八項目は安楽死であった。安楽死の方法として示唆されたのは、地方で公的に運営される「ガス室」であった。さすがにこれは一般化せず、実際には隔離、不妊手術、そして結婚制限が行われた。不妊手術の対象となったのは主として女性であった☆★☆。

ヒトラーは
アメリカの優生学法を利用して
反ユダヤ主義を医学化した

アメリカの優生学においてもっとも大きな影響を持ったのは、チャールズ・B・ダヴェンポート（Charles B. Davenport）であるといわれている。

彼はハーバードやシカゴ大学で教鞭をとった後、カーネギー財団の後押しを受けてロングアイランドのコールド・スプリング・ハーバーに遺伝及び進化に関する研究所を設立した。彼は若者たちに「結婚相手と知的に恋に落ちる」よう求め、貧しい者は知的に劣った遺伝子を持っているために惨めさや悪徳や犯罪へと陥るのだとし、彼らへの不妊手術や移民の制限を要請した。

ダヴェンポートの友人であったマディソン・グラント（Madison Grant）は一九一六年『偉大なる人種の消滅（*The Passing of the Great Race*）』を執筆し「価値のない人種タイプ」を淘汰するべきだと説いた。この本は友人であったセオドア・ルーズヴェルト大統領からの称賛を受けたばかりか、ドイツ語に翻訳されも

☆★☆ Edwin Black, “*Eugenics and the Nazis: the California connection*”, op.cit., p.3

チャールズ・B・ダヴェンポート（1866 -1944）：他の生物学者よりも数学に造詣が深く、ゴルトンやピアソンの生物測定学的な仕事を一番理解していたし、メンデル理論による実験的アプローチの準備も行っていた。

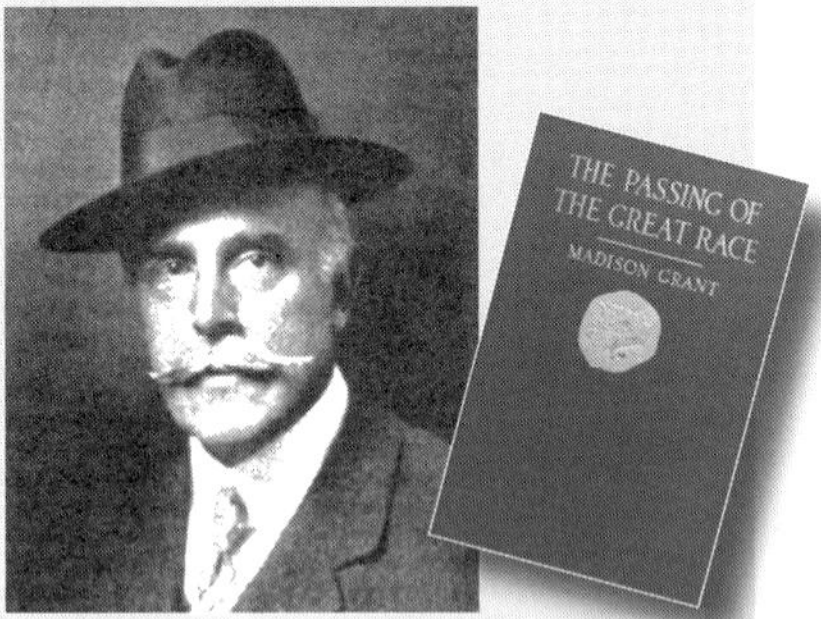

マディソン・グラント（1865 -1937）：アメリカの弁護士。北方人種を白人種の理想像として描いた彼の著書『偉大なる人種の消滅』（1916）は、アドルフ・ヒトラーのアーリア人種優越説の源泉となった。

した。後にグラントは「この本は私のバイブルです」という一通のファンレターをドイツから受け取ることになる。差出人の名はアドルフ・ヒトラーであった。☆☆★ヒトラーはアメリカの優生学を学んだ。彼はこれを利用して、反ユダヤ主義を医学化したのであり、一九二四年に出版された『わが闘争』にもアメリカの優生学に対する幅広い知識が盛り込まれている。

かくして、アメリカでの「北欧系」は「アーリア系」に書き換えられ、アメリ

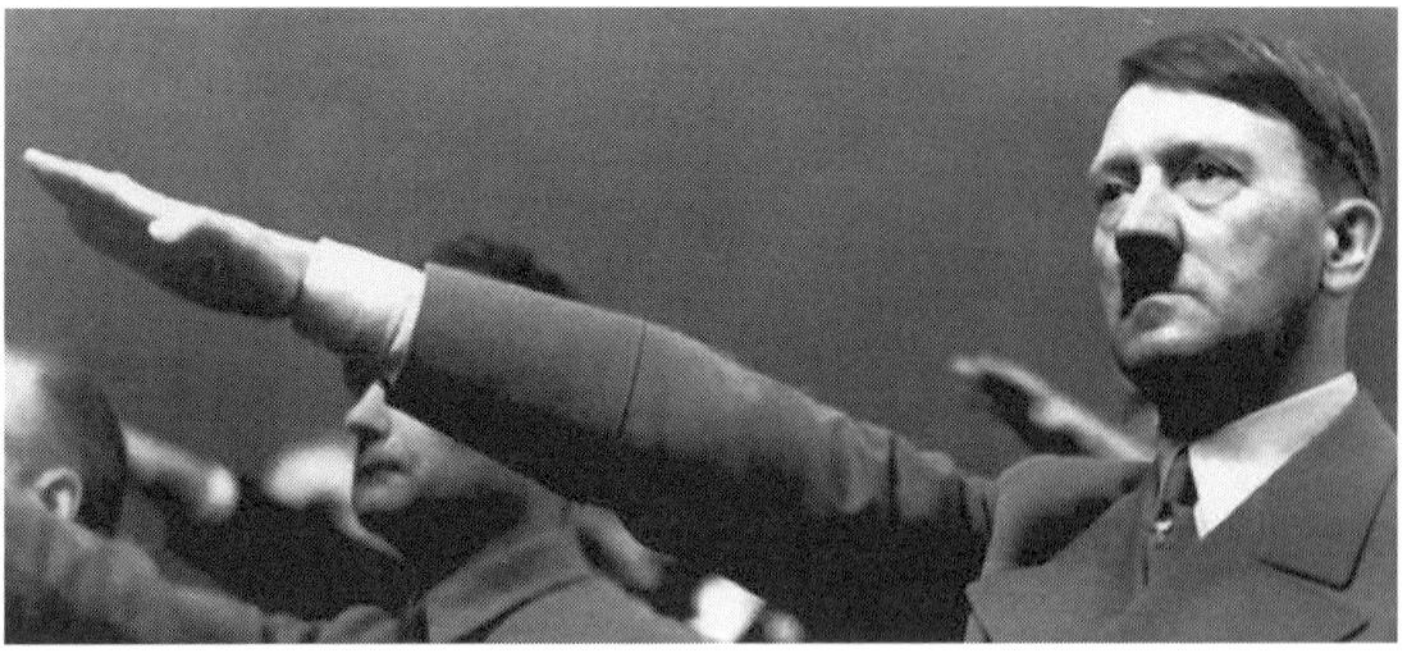

『わが闘争』
:「その住民のほとんど大部分が、劣等な有色民族とはほとんど混血したことのないゲルマン的要素からなり立っている北アメリカは、主にロマン民族の移住民が、幾度となく広い範囲にわたって原住民と混血した中央アメリカや南アメリカとくらべて、別種の人間性と文化をもっている。この一つの例でさえも、人種混血の影響をきわめて明白に認識させるのだ。」（アドルフ・ヒトラー『わが闘争』〔1924〕の第11章「民族と人種」より〔平野一郎・将積茂訳、角川文庫〕）

カではついに一般化しなかった「最終解決」法である「ガス室」をナチスは実行に移したというわけである。☆☆☆

つまり、優生学の発祥の地はイギリスであり、それを養育したのがアメリカであり、さらにそれを国策として強行に及んだのがドイツだったということになる。そしてスーパーマンとは、遺伝的に最良の白人の理想像を体現したものだったということがいえるのである。つまり、スーパーマンとは優生学の理想像そのものだったわけだ。

また、二人の著者ジェリー・シーゲルとジョー・シャスターによる最初のシナリオ（"*The Reign of the*

☆☆★ Jonathan Marks, "*Eugenics: Breeding a Better Citizenry Through Science*", http://personal.uncc.edu/jmarks/eugenics/eugenics.html, pp.1-2

☆☆☆ Ibid., p.5

フリードリヒ・ヴィルヘルム・ニーチェ（1844 -1900）
:「超人について教えよう。人間とは超えられねばならない何者かなのだ。君は人間を超えるために何をしたか？」と『ツァラトゥストラはかく語りき』に書いている。

Superman”）では、彼は世界を支配する超人として設定されてもいた。★★★ そこには、世界を奴隷として従属させる超人というニーチェ思想の匂いも感じられる。実際、ニーチェの『ツァラトゥストラはかく語りき（*Also sprach Zarathustra*）』（一八八三年）の英語訳では、「超人（Übermensch）」は「Superman」と訳されるのが通例であったし、このニーチェの思想を背景としたバーナード・ショーの『人と超人（*Man and Superman*）』（一九〇三年）によってこの言葉が一般に知られていたという背景もあった。

★★★ “*The Reign of the Superman*” は、ファン雑誌である “*Science Fiction: The Advance Guard of Future Civilization*”, #3 (January 1933) に掲載された。シーゲルとシャスターにとって初めて印刷媒体に載せられた作品であった。ストーリーは、マッドサイエンティストが浮浪者ビル・ダンを使って自らが開発した新薬の実験をするところから始まる。薬の効果によってテレパシー能力を獲得したビルは、その力を使って世界を支配しようとするが、薬の効果が一時的なものでしかなかったために元の無力な存在に戻ってしまうというものである。全文を、以下のサイトで読むことができる。
https://archive.org/stream/ReignOfTheSuperman/RSM#page/n0/mode/2up

4.1. もう一人のスーパーマン

最初に次ページの図を見ていただきたい。

これは、一九一七年にH・R・ホップス（H. R. Hopps）によって描かれた第一次世界大戦時の徴兵ポスターである。気絶した白人女性を左手で抱きかかえたゴリラが描かれており、そのゴリラは海を背にして浜辺に立ってこちらを向いている。海の向こうには廃墟となったフランスが描かれている。頭にはてっぺんに突起のある典型的なドイツのヘルメットをかぶっており、そのヘルメットには「軍国主義（MILITALISM）」と書かれている。右手には「文化（KULTUR）」と書かれた棍棒を握りしめている。そして、そのゴリラが踏みつけている浜辺の文字は「アメリカ（AMERICA）」である。

これは「ベルギーの陵辱（the Rape of Belgium）」と呼ばれる、一九一四年に起こった、ドイツによるベルギーへの侵略を描いたものである。この呼称は、ドイツが行ったベルギー市民への暴行や文化遺産の破壊などに由来するとされているが、フランスの次には、アメリカにもその脅威が及ぶであろうことが暗示されている。ベルギーの白人女性の次にこのゴリラが狙うのは、アメリカの白人女性だというわけである。

第一次世界大戦時の徴兵ポスター
：このポスターの翌年には、フレッド・スピアー（Fred Spear）が、入隊を呼びかけるポスターを制作している。それは、ドイツによってイギリスの客船ルシタニア号が沈められた事件を扱ったものであった。赤子を抱いて沈んでいく女性の姿が、アメリカの参戦に貢献したとされる。この時期、女性が守るべき脆くはかないものとして表象されていたことがわかる。

つまり、ここではベルギーという国家が一人の女性にたとえられ、それがもはや人間ではなく獣のレベルにまで堕落したドイツという国家によって陵辱されようとしている、というイメージを伝えるものとなっている。潜在的にはそれは、白人女性の純血が獣によって奪われる恐れ、そしてその帰結としての、獣の血の混じった子どもが、白人女性から産み落とされる可能性を示唆している。

ゴリラの上には、「この狂った野獣を倒せ」と書かれており、下には「入隊しよう」という呼びかけがなされている。この汚れた血が自分たち白人社会に侵入するのを防ぐために立ち上がれというわけだ。★★★

けれども、ここで一つ疑問が生じて来はしないだろうか？　通常、猿や類人猿として表象されたのは非白人であったはずではないかということだ。それが、どうしてここでは同じ白人であるドイツに対して使われたのか？

そんなことを可能にするだけの強烈な何かがすでに存在していたということなのだろうか。つまり、その存在への憎しみがあまりにも強烈だったので、それを主たる政治的な敵へと転用することで国家の白人たちを一つにまとめあげることができうるような、そんな強烈な憎しみの対象が、アメリカの国内にすでに存在していたということなのだろうか？

★★★ "*Feminity in Propaganda*", http://ahabbestad.blogspot.jp/2011/05/destroy-this-mad-brute-enlist-by-hr.html

4.2. 黒人ヘヴィー級チャンピオンの誕生

一八七八年三月三十一日、一人の元奴隷の息子がテキサス州ガルベストンで生を受けた。この年が一八六三年から一八七七年まで続いた再建期（レコンストラクション）の終わった翌年だったということは、ある意味で象徴的である。南北戦争で解体したアメリカを、南部諸州を復帰させ、解放奴隷への平等を実現することで再建しようとしたこの試みは、前者に関してはうまくいったものの、後者である自由黒人の解放という目論見は果たせぬままに終わった。つまり、国家による解放奴隷への平等性付与の試みが頓挫した翌年に、その少年は生を受けたということを意味している。黒人が国家によって見捨てられたときに生まれた子どもだということになるだろう[★★★]。

少年の名はジャック・ジョンソン（Jack Johnson）。父親はジョンソンが通った学校の清掃員であった。少年期をいじめられっ子として送った後、十代のジョンソンはガルベストンの波止場でボクシングを習う。それが彼の人生を一変させる転機となった。

「白人よ、お前はグローブをつけたまま死ぬんだ」——ジャック・ジョンソン

ボクサーとなった彼は、名声を馳せた。彼にはカリスマ性があったのだ。ミドル級のチャンピオンだったスタンリー・ケッチェル（Stanley Ketchell）との一戦などを通して、物議を醸し、興奮を与え、醜聞をたてることが民衆の興味をかき立てた。彼は集客と増収のこつをよく理解していたのだ。このようにして、かつて白人のジム・ジェフリーズ（Jim Jeffiries）がヘヴィー級チャンピオンだった頃の人気を、ジョンソンはボクシングに取り戻した。★★☆

当時ヘヴィー級のチャンピオンはトミー・バーンズ（Tommy Burns）であっ

★★★ Theresa Runstedtler, *Jack Johnson, Rebel Sojourner: Boxing in the Shadow of the Global Colour Line*, Berkeley, University of California Press, 2012, p.12

★★☆ Sunder Katherine William, "*Jack Johnson: Victim or Villain*", A thesis submitted to the Graduate Faculty of North Carolina State University in partial fulfilment of the requirements for the degree of Master of Arts, 2000, p.14

たが、彼は白人以外の選手との対戦を拒絶していた。ヘヴィー級の人種分離は、一八八〇年代にチャンピオンであったジョン・L・サリヴァン（John L. Sullivan）に始まるとされており、彼から黒人とは一切戦わないという伝統が始まった。軽量の級にはすでに黒人チャンピオンもいたが、世界最強という称号やはりヘヴィー級チャンピオンのものであり、それは決して黒人には渡さないという意思表示がそこには見られたともいえる。

それでもジョンソンは倦むことなく挑戦というより挑発を続け、ついに一九〇八年トミー・バーンズが防衛戦に応じる運びとなった。バーンズは、次のような威嚇の言葉を口にした。

「小僧、たっぷり鞭をくらわしてくれるぞ。俺はグローブをつけて生まれてきたんだ」

「鞭をくらわしてくれる」という言い回しには、当然少し前の時期までの奴隷制の時代の主従関係を想起させようという残酷な意図が含まれていると思われる。

これに対してジョンソンは、

近代ボクシング
：1892 年に採用された安全基準であるクイーンズベリー・ルールが、近代ボクシングの始まりとなった。グローブをつける、1ラウンドは3分とし、1分のインターバルをおく、リング内で戦うなどが規定されており、これによってボクシングは地下競技から「文明的」なスポーツとなった。

「白人よ、ニュースがあるぞ。お前はグローブをつけたまま死ぬんだ」

と、見事に機転の利いた言葉で応酬した。注目すべきは、相手をトミーと固有名で呼ぶのではなく、「白人よ」と呼びかけていることだろう。ジョンソンにとっての敵は、トミーという個人ではなく、「白人」全体であるということがそこには見事に暗示されている。★☆★

実際、ジョンソンの言葉通りになった。黒人が、白人を打ち倒し、初のヘヴィー級チャンピオンの座を獲得したのである。ジョンソン三十歳の年のことであった。

白人社会は恐慌に陥った。当時『ニューヨーク・ヘラルド・トリビューン』の記者であった作家のジャック・ロンドン（Jack London）は、「ジム・ジェフリーズがいまこそ登場すべきだ」「白人は救済されねばならない」と書いた。まさに、これはもはやボクシングの問題ではなく、白人全体のアイデンティティーの危機を物語っていたといえる。☆★★

★☆★ Thomas R. Hietala, *The Fight of the Century: Jack Johnson, Joe Louis, and the Struggle for Racial Equity*, New York: M. E. Sharpe, 2004, p.30

☆★★ Sunder Katherine William, "*Jack Johnson: Victim or Villain*", op.cit., p.17

1910年6月19日、『ロサンジェルス・タイムズ』紙に載せられたアルバート・ジャン・テイラー（Albert Jean Taylor）による風刺画。ジャック・ジョンソンは明らかにゴリラとして表象されている。

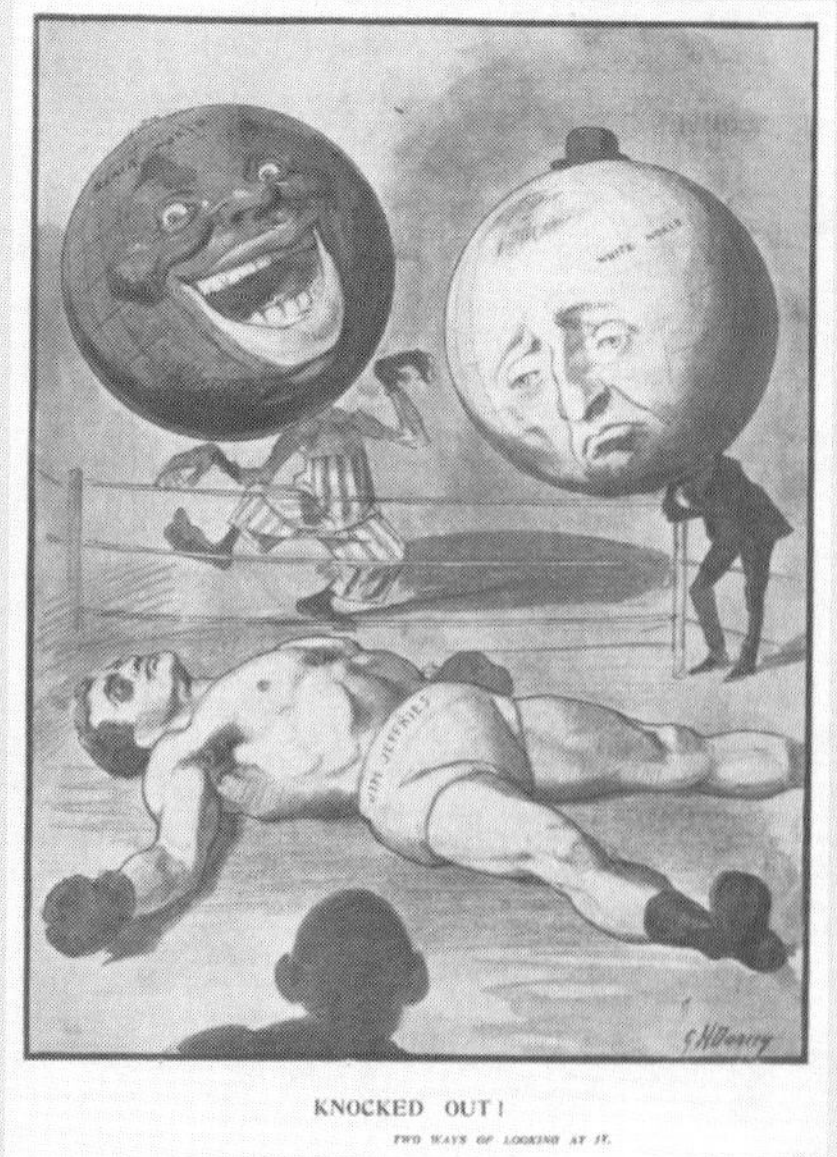

ジム・ジェフリーズの敗戦
:「白人がネグロよりすぐれているということを証明するためだけに、わたしは戦う」と豪語したジムが敗れたときは、白人社会が言葉を失った瞬間だったと言っても過言ではなかった。

このような白人社会全体の期待が、黒人との対戦を拒み続けていた、カリスマ的白人チャンピオン、ジム・ジェフリーズに、ついに黒人との対戦を承諾させることとなった。

「世紀の一戦」と冠されたその試合は、一九一〇年七月四日ネヴァダ州レノで行われることに決まった。『サンンフランシスコ・エグザミナー』誌は、「ジェフのなかのシーザーの精神が、蛮族を鞭打たねばならない」と、トミー・バーンズが果たせなかった約束を最後の白人の希望に託した。

けれども、結果はある種の革命となった。奴隷が主人を打ち倒したのだ。最後の砦を破られた白人社会は怒り、そして困惑した。逆に黒人たちは興奮し、勢いづいた。イリノイ州スプリングフィールドでは人種暴動が過激化した。黒人優越説も加速し、W・E・D・デュボワ（W. E. D. Dubois）が『クライシス』という全米黒人地位向上協会（National Association for the Advancement of Colored People＝NAACP）の公式雑誌を創設したのもこの年であった。

さらに、同じ年に黒い石油ブームも起こった。後にこの石油ビジネスはオクラホマ州タルサに黒人の百万長者たちを生み出すことになり、この地域は「ブラック・ウォール・ストリート」と呼ばれるようになる。★☆☆

J・ジョンソンは白人女性と結婚した上に「白い希望」を打ち倒した

かくして、ジャック・ジョンソンは白人アメリカの悪夢となる。「歴史上最も影響力のあった男」と題された、ネット上のブログは、彼のことを銀河の中心にあるブラックホールとして描き出している。彼こそが黒人にプライドを与え、白人の偏見を加速した存在だったのである。それには理由があった。

彼はただ白人ボクサーを打ち倒しただけではなかった。次々と探し出される「白い希望（white hopes）」たちを次々と打ち倒していっただけでもなかった。名声と富を獲得し、黒人でありながら「アメリカンドリーム」を自ら体現しただけでもなかった。飲酒、賭博、女遊びを好んで、反不道徳運動を繰り広げていた進歩派たちの眉をしかめさせただけでもなかった。彼は傲慢な態度をとり、勝手な振る舞いをし、白人たちを挑発し続けたのだ。

★☆☆ Lawrence Levine, *Black Culture and Black Consciousness: Afro-American Thought from Slavery to Freedom*, London: Oxford University Press, 1977, p.430-1, The Most Influencial Man in history, https://readquestionmark.wordpress.com/2012/10/24/the-most-influential-man-in-history/

そんなジョンソンは「Bad Nigger」と称されたが、これは「b-a-a-d」と発音され、それは白人社会にあらがう能力や勇気をもった黒人同胞を賞賛する意味合いをもつ言葉となった。

その極めつけが、白人女性との交際だった。

公民権運動で指導的役割を果たした人物のひとりであるベンジャミン・E・メイズ（Benjamin E. Mays）は、ジャック・ジョンソンは白人に対して二つの重大な不手際を犯したと書いている。すなわち、白人の男を叩きのめし、白人の女とつきあったということだ。どちらも当時は死に値する重罪であった。

一九〇九年にジョンソンはブルックリン出身の白人女性エッタ・デュリィ（Etta Duryea）と結婚したが、彼女は一九一一年に自殺してしまう。その背後には、ジョンソンが彼女を「犬のように」扱い、しばしば殴っていたという事情があるといわれている。それでもジョンソンの白人女性好きは変わることなく、その翌年の一九一二年十二月には二人目の白人女性ルシール・キャメロン（Lucille Cameron）と結婚している。世間からの攻撃に対し、ジョンソンは「俺には、人の言葉を気にせずに妻を選ぶ権利がある」とうそぶいたといわれている。彼は経済的にも、人種的にも、性的にも、社会的反響においても、人種分離の制約を拒

異人種間の婚姻（Miscegenation）
：黒人男性とつきあって妊娠してしまったり、ムラート（混血）の子どもを出産してしまったりしたとき、白人女性が自分を守るために恋人を裏切り、レイプを主張するというのはよくあることだった。

☆★☆ The Most Influencial Man in history, op.cit.
☆☆★ Sunder Katherine William, "*Jack Johnson: Victim or Villain*", op.cit., p.29

絶する力があったのである。

白人女性が黒人男性のものとなるという事態は、白人社会を恐慌に陥れるに十分だった。なにしろ彼は、白人社会のそうした性的な恐怖をあざ笑うかのように、ガーゼの包帯で、自分のペニスの存在をあえて強調した姿で試合に臨みすらしたのだから。☆☆☆

南部出身の大統領（第二十八代）であったウッドロー・ウィルソン（Thomas Woodrow Wilson）にとって、ジャック・ジョンソンの存在はまさに悪夢であったのだろう。野球のコミッショナーとなったウィルソンは、このスポーツにも人種隔離を持ち込んだ。一九四〇年代後半、メジャーリーグにジャッキー・ロビンソン（Jack Roosevelt "Jackie" Robinson）が登場するまで、この分断は続くことになる。

さらに、ウィルソン大統領は一九一六年に悪名高い「ジム・クロウ法」を制定した。これは明らかにジャック・ジョンソンの白人女性との脱線行為への応答であったといえる。「一滴規定（One-drop rule）」という人種差別法に基づいたこの法律は、黒人あるいは有色人種の血が一滴でも混じっている者が一般公共施設に出入りすることを禁止したのであった。★★★

劣った猿として表象された J・ジョンソンは むしろ知的な人物だった

彼は奴隷、あるいは蛮人として表象されただけではなかった。当時流行していた優生学的視点から、彼は劣った猿としても表象されたのである。『サンフランシスコ・エグザミナー』誌のコラムニスト、アルフレッド・ルイス（Alfred Lewis）はジョンソンのことを、

「本質的にアフリカ人であり……一瞬しかものを感じることがなく、自分の鼻より遠くを見ることがない。その鼻は平べったく、刹那的である。予想をたてることができず、……ジョンソンは自分の魂の浅さと想像力の欠如の中で安寧《あんねい》を保っている」

と書いた。★★☆ さまざまなメディアはジョンソンへの反撥に取り憑かれ、ヘヴィー

☆☆☆ Thomas R. Hietala, op.cit., p.93

★★★ The Most Influencial Man in history, op.cit.

★★☆ Sunder Katherine William, “*Jack Johnson: Victim or Villain*”, op.cit., p.2

級チャンピオンとなった彼を、性欲に駆られた衝動的なゴリラとして描き出した。★☆★

けれども、現実のジョンソンはむしろきわめて知的な人物であった。ヘヴィー級チャンピオンになるには知性が必要なのだ。彼には対戦相手の強みと弱みを一瞬で見抜く才能があった。その見立てに基づいて効果的な防御と攻撃の戦略を組み立て、調整し、そして実行したのである。多くの白人は黒人には知性がないと思っていたが、ジョンソンは、闇雲な攻撃型ではなかった。注意深く、意図的で、我慢強く機を待ってカウンター・パンチを食らわせるというのが彼の攻撃テクニックだったのだ。

付言するならば、彼は一九二〇年に「クラブ・ド・ルックス（Club de Luxe）」をハーレムにオープンし、二三年これをギャングのオウリー・マッデン（Owry Madden）に売却したが、これが「コットン・クラブ」と名を変えてハーレム・ルネサンスの中心となったのである。デューク・エリントンらを輩出したこのクラブこそが、ジャズを中心とした黒人の文化運動の要となっていったのであった。その意味でもジョンソンは、黒人が黒人としてのプライドを持つことに遠回しに貢献したといえるだろう。☆★★

あるいは、南北戦争以後の人種分断を陰で支えたのは暴力であったという指摘がある。黒人の権利向上に尽力した女性ジャーナリストのアイダ・B・ウエルズ(Ida B. Wells)によれば、リンチこそが人種操作の効率的で体系的な手段であった。リンチが、アフリカ系アメリカ人が過度な経済的自立を得ることを妨げたのだ、と彼女は述べている。★☆☆ とすれば、この白人社会が支配のために許容したリンチの暴力に、リング上の合法的な暴力で報復を果たしたのがジャック・ジョンソンの拳であったということもできるのではないだろうか。

たった一人で白人社会全体を挑発し、憤らせ、そしてあざ笑った人物、その人物への怒りを別の敵へと転嫁すれば、白人社会を動かす大きな力となり得ることは明白であった。

かくして、冒頭に見た軍人募集のポスターが成立しえたのである。白人男性から白人女性を奪い、そこに獣の血を混じらせようとする汚らわしいゴリラ、そのゴリラから白人女性を救出せよという呼びかけ。現実にはジョンソンから奪い取ることができないその鬱憤を、ドイツに向けさせるという、それは見事な置換であったというべきではないだろうか。

★☆★ The Most Influencial Man in history, op.cit.
☆★★ Ibid.
★☆☆ Linda McMurry, *To Keep The Water Troubled: The Life of Ida B. Wells*, New York: Oxford University Press, 1998, p.156-62

黒人から白人女性を奪い返すという白人社会の願望は映画『キングコング』で成し遂げられた

そして、この白人社会を敵に回した巨大な猿から、ついに白人社会は白人女性を奪還し、そしてこの巨大な猿を打ち倒すことに成功する。戦争の話ではない。映画の話である。次の図を見ていただきたい。九〇ページに掲げた、第一次世界大戦時の徴兵ポスターとの構図の近似性はいうまでもないだろう。

これは、一九三三年に公開された映画『キングコング』である。南にある島スカル・アイランドから捕獲されて連れてこられた巨大なゴリラ（黒人奴隷）は、やがて脱走して街で暴れ（奴隷反乱、黒人暴動＝白人男性をノックアウト）、さらにはあろうことか白人女性に恋をして彼女を連れ去り（白人女性の純血の危機＝白人女性との結婚）、最終的には白人社会によって葬り去られることになる。ジャック・ジョンソンに対して果たせなかった白人社会の報復願望は、スクリーンのなかでようやく成し遂げられ、観客である白人たちは溜飲《りゅういん》をさげた、ということになる

『キングコング』
：このポスターと、第一次世界大戦時の徴兵ポスターの類似性は否定のしようがない。白人の血が汚されるという不安こそが、この映画の主題であったといってよいだろう。

のではないだろうか。

そう、一人の傑出した黒人は、最終的には巨大なゴリラとして表象されたうえで、抹殺されるという結末を迎えるしかなかったのである。

4.3. 優生学記録所(ERO)の時代

非白人を、猿のような劣った種として捉えること、それは単なる人種的偏見で終わることはなかった。まさにジョンソンの時代に、それはひとつの科学という形をとりもしていたのである。それは、先に見た「優生学」と呼ばれるものであった。

アメリカで優生学の中心的な組織となる優生学記録所(Eugenic Record office)が設立されたのは、奇《く》しくもジャック・ジョンソンが初の黒人ヘヴィー級チャンピオンとなった一九一〇年であり、スーパーマンが誕生した翌年一九三九年にこの組織は役目を終えて閉じられている。ジャック・ジョンソンとスーパーマンは、いずれも優生学時代の登場人物たちだったのである。

では、優生学とはいかなる学問だったのだろうか。

進化論を唱えたチャールズ・ダーウィンの従弟《いとこ》に、フランシス・ゴルトン

(Francis Galton) がいた。医学と数学を学んだ彼は、ダーウィンが一八五九年に『種の起源』を出版したことにライバル心を燃やし、得意な統計学の手法で遺伝の問題に取り組んだ。イギリスの様々な家系の調査をし、それを統計学的に処理して、優秀な家系同士の結婚からは優秀な子孫が生まれるという結論を導き出した。そこから、結婚という再生産の問題が、社会の改善にとってもっとも重要であるという考えにたどり着くことになる。

「優生学は未来の人種の質の向上を害する要素を社会的に制御する」——フランシス・ゴルトン

アメリカでは、このゴルトンの「再生産を人為的に操作する」という発想が、メンデルの遺伝法則と結びつけられた。メンデルはエンドウ豆の研究を通して、親の特質が子孫に混じるということを発見し、遺伝形質の特殊性と、支配的、後退的遺伝子の解明に取り組んだ。アメリカでは一九〇〇年にこのメンデルの法則が再発見され、A－B－Oの血液型、小さな指が手や足にできる多指症、代謝をめぐるいくつかの病気や生まれつきの障碍《しょうがい》などが、厳密にメンデルの遺伝パターンに当てはまることが証明されていった。その結果、一九一〇年までにはほとんどの生物学者たちが、メンデル理論があらゆる性的再生産に適応可能ということで合意をみるに至っていた。★★★

優生学は、遺伝の観察であり、遺伝子学の先駆ではあったが、正当な科学的研究を欠いたままでスタートした。ゴルトンは、「優生学とは、身体的・精神的に未来の世代の人種の質を向上させること、あるいはこれを害する可能性がある要素を社会的に制御することをめぐる研究」であると定義づけた。「優生学

福沢諭吉（1835-1901）
：日本においてゴルトンの優生学思想を強く支持した人物のひとりが諭吉であった。たとえばこんな言葉がある。「試に今日誰れ彼れを問はず、一、二有名の人物に就て其血統を糺す可し。必ず遺傳相應の實あらざるはなし。曽祖父母以降内外の親戚に傑出の者なくして、偶然に人物を生ずるは極めて稀有の事なり」（「時事小言　第六篇　國民の元氣を養う事」）

★★★ Angela M. Smith, *Hideous Progeny: Disability, Eugenics, and Classic Horror Cinema*, NY: Columbia UP, 2011, p.9; Garland E. Allen, "*The Eugenic Office at Cold Harbor, 1910-40: An Essay in Institutional History*", Orisis, 2nd series, vol.1986, pp.225-6 (eugenics)」というのはゴルトンが作った造語で、「eu(良い=good)」と「genic(繁殖、生殖=breeding)」という意味になる。つまりは血統を改善する科学ということであり、結婚の管理、性の管理がその根底にあったことになる。★★☆

人間の改良という発想そのものは新しいものとはいえない。たとえば、プラトンは、共和国を打ち立てるために出産を制御するような政治的システムが必要だと唱えたし、歴史上多くの文明が人間の強化を企図してきた。これが、十九世紀後半から二十世紀前半までの社会的、政治的、哲学的要素と結びついて生まれたのが優生学だったということになる。

ある意味で優生学は、ユートピアのヴィジョンを下敷きにしていたともいえる。性の管理によって、「生産的な」「訓治された」身体を作り出し、より強く、賢く、倫理的な人間が作り出せるという理想を掲げた科学(あるいは偽科学)だったからである。★☆★

当時、優生学の支持者には、ルーズヴェルト大統領、電話の発明者グラハム・ベル、シリアルを開発し、食生活の改善を唱えたケロッグ博士その他多くの学者や財界人がいた。たとえば、ルーズヴェルト大統領はダーウィンの適者生存の考え方を国家や人種に当てはめた。生存のためだけではなく、劣った国家や人種を

★★☆ Eleni Lipsos, "*Anatomy of a Pin-Up: A Genealogy of Sexualized Feminity Since the Industorial Age*", a thesis for the degree of the Doctor of Philosophy in English, University of Exeter, November, 2013, p.9; Garland E. Allen, "*The Eugenic Office at Cold Harbor, 1910-40: An Essay in Institutional History*", op.cit., p.225

★☆★ Scott Jeffrey, "*Producing and Consuming the Posthuman Body in Superhero Narratives*", https://www.academia.edu/1275763/Producing_and_Consuming_the_Posthuman_Body_in_Superhero_Narratives, p.12

支配し、内外の資源や領土を制御するためには、絶えざる競争や争いが必要だと唱えた。それは、ネイティブ・アメリカンへの暴力や、海外へ向けての帝国主義的侵略を合法化する格好の口実となった。☆★★

実際、十九世紀後半のアメリカ社会は大きな変化を遂げていた。商業化、移民の流入、産業化、都会化が社会を大きく変えたのである。社会はその結果として生じてきた競争、腐敗、犯罪、群衆、貧困などの問題を抱えていた。また二十世紀初頭のアメリカは、十九世紀的な自由主義の経済、政治、社会哲学が衰退し、科学的計画や社会管理の理論が勃興しつつある時代でもあった。科学的管理や制御が受け入れられる土壌が十分にできあがっていた。★☆☆

フィッター・ファミリー・コンテストのスローガンは「あなたは人間サラブレッドですか？」

では、優生学において守るべき血統とされたのは何だったのだろう？

☆★★ Sunder Katherine William, “*Jack Johnson: Victim or Villain*”, op.cit., p.73

★☆☆ Garland E. Allen, “*The Eugenic Office at Cold Harbor, 1910-40: An Essay in Institutional History*”, op.cit., p.264

それは、身体的適合性をもった美しい白人としてイメージされた。優生学の支持者マディソン・グラントは、よきアメリカ人の血統とは、美しい肌と体格をもった優れた征服者であるノルマン系であるとした。一九一四年に出された『優生学の科学』という書物は、三、四世代にまでさかのぼる祖先の記録を含んでおり、その中のひとつの章は「いかにして完璧な子孫を作るか」と題されていた。一九二〇年代と三〇年代には、アメリカ優生学協会（AES）が、ベター・ベイビーズ（better babies）コンテストや、フィッター・ファミリー（Fitter Families）コンテストなどを開催し、身体的、心理的試験を通して、より高い身体的健康を持つ赤ん坊や家族を称揚した。

一九二〇年代に産児制限を唱えたマーガレット・サンガー（Margaret Higgins Sanger）の活動は今日でもよく知られているが、彼女の産児制限協会のスローガンは「サラブレッドの人類を生み出すために」であった。つまり、サンガーの活動は優生学と深いところでつながっていたのである。先のフィッター・ファミリー・コンテストのうたい文句が「あなたは人間サラブレッドですか？」だったことに鑑みれば、その照応関係は明らかだろう。☆★☆

ダヴェンポートの優生学記録所をハリマン鉄道の未亡人とカーネギー財団が支援

アメリカにおける優生学運動の中心にいた人物を一人挙げろと言われた場合、まず念頭に浮かぶのはチャールズ・ダヴェンポートの名である。ダヴェンポートは生物学者ではあったが、数学に造詣が深かった。統計学的手法を用いたゴルトンの生物測定学的な仕事をアメリカでもっとも理解していた人物であり、メンデル理論による実験的アプローチにも精通していた。

彼は精力的な活動家でもあり、一九〇三年にアメリカ育種家協会（American Breeder's Association＝ＡＢＡ）を設立した。これは家畜の選択的育種を考える協会であったが、これを人間に延長したものが、一九一〇年にニューヨークのロングアイランドにあるコールド・スプリング・ハーバーにオープンした優生学記録所（Eugenic Record Office＝ＥＲＯ）であった。優生学記録所は、数多く存在した優生学関係の団体の中で唯一建物と研究施設を有し、有給職員がいた組織であった。

☆★☆ Eleni Lipsos, "*Anatomy of a Pin-Up*", op.cit., p.99; Christina Cogdell, "*Smooth Flow: Biological Efficiency and Streamline Design*", in Susan Currell, Christina Cogdell eds., *Popular Eugenics: National Efficiency And American Mass Culture in the 1930s*, Ohio: Ohio UP Press, 2006, p.240

そんなことが可能になった理由は、財閥による援助である。一九一〇年から一九一八年の拡大と成長の時代はハリマン鉄道の未亡人が、一九一七年から閉鎖の一九三九年までの安定と衰退の時代はカーネギー財団がそれぞれ、財政的な援助をしていたのである☆☆★。

優生学記録所には大きく分けて二つの目的があった。ひとつは人間の遺伝、特に社会的特徴の遺伝に関する研究であり、もうひとつは優生学研究の重要性と、公共政策に対して優生学が持つ意味を庶民に啓蒙することであった。研究と啓蒙という二本柱だったということである。

研究に関しては、「記録所」という名称からもわかるように、情報センターとして、人間の遺伝的特徴に関する情報のデータバンクとなることが主たる目的であった。具体的にはアメリカの家庭の特徴についての分析的目録の作成、結婚がもたらした遺伝的帰結、さまざまな多産性のありよう、移民のもたらした遺伝的結果の研究、特殊な人間的特徴の遺伝の様式の調査などであった。また、これに基づいて、優生学的に適正な結婚についての助言も行った。

同時に、優生学情報を集めるフィールドワーカーの養成も目指しており、一九一〇〜一三年の最初の三年間は三十二名のフィールドワーカーが、七六三九

優生学記録所
：1939 年に閉鎖されたこの建物を、2014 年にニューヨーク大学が再びオープンした。訪問客はツアーを通して、ここに保存されていた写真やファイルを見ることができ、一方で「好ましくない」人間的特徴を滅却し、他方で優れた人間を人為的に造り出そうとしていた時代の生々しい資料に触れることができる。

☆☆★ Garland E. Allen, "*The Eugenic Office at Cold Harbor, 1910-40: An Essay in Institutional History*", op.cit., pp.226-7, 235-6

ページにわたる家族の事例を集め、八〇〇ページにわたる家系図を作り、ひと月に平均四十六名にインタビューを行った。☆☆☆こうして集めた家系図の分析を素材として、メンデルのパターンに従う遺伝の可能性を探るため、さまざまな身体的、精神的、倫理的特徴の研究が行われた。★★★

啓蒙に関しては一九一六年から『優生学通信』が発行されるようになった。これは短い大衆向けの記事が載せられたパンフレットで、優生学についての報告、精神薄弱、特異な多産性、人種交配のもたらす弊害などがわかりやすく説かれていた。★★☆

優生学記録所は「人種交配の弊害」を啓蒙した

実際の運営を任せることができる人物としてダヴェンポートが目を付けたのは、若き農学者ハリー・ハミルトン・ローリン（Harry Hamilton Laughlin）であった。同じ穴の狢というべきなのかダヴェンポート同様にエネルギッシュで、きまじめで、ユーモアを欠いていたローリンもまた、優生学記録所の最高責任者として優生学による社会改革に身を捧げる人物となった。

ローリンが記録所で行ったのは、創発性の人種的起源についての国家的研究、航空機操縦士の家系の遺伝的研究、コネチカット州の人的資源の調査、異邦人による犯罪の研究などであり、さらに優生学的カウンセリングとバースコントロールのための「遺伝診療所」の構想も抱いていたが、これは結局実現されることはなかった。

優生学記録所のみならず、優生学そのものに波乱をもたらすことになったのは、ローリンのもうひとつの活動であった。それは、政治的な活動であり、優生学を通して社会を改革するという試みであった。

積極的なネットワークづくり、展覧会、政治活動を信条としたローリンは、「移民と帰化についての特別問題検討委員会」で研究報告を行い、南及び中央ヨーロッパ人、ユダヤ人の遺伝的劣等性をデータをもとに報告した。反共ジャーナリスト議員アルバート・ジョンソン（Albert Johnson）から議会で鑑定証人（expert witness）となることを求められたローリンは、下院において人種差別

☆☆☆ Garland E. Allen, "*The Eugenic Office at Cold Harbor, 1910-40: An Essay in Institutional History*", op.cit., pp.238-41
★★★ Ibid., p.228
★★☆ Ibid., pp.245-6

ハリー・ハミルトン・ローリン（1880-1943）：彼は世界政府の構想も抱いていたが、それは異人種間の交配を地球レベルで阻止するという優生学的な意図に発するものだった。ウッドロー・ウィルソン大統領はこのアイデアに関心を持っていたといわれている。

意識、反移民意識をグラフや図解を利用して増長させ、競走馬と荷運び馬を交配するとどちらの用途にも使えない無能な馬が生まれるといった事例をあげて、あらゆる人種交配は有害であると「人種交配」への恐怖を煽った。雑種第一世代が親よりも優れた能力を有する雑種強勢（hybrid vigor）が広く知られるようになっても、それは一部の事例にすぎないと言い逃れをした。さらに、ロビー活動を通して、いくつかの州で移民に不妊手術を施す不妊化法を法制化させることに成功した。

かくして、一九二四年には移民制限条例である「ジョンソン法」を発令させ、最終的に一九三五年までに三十にも及ぶ州で「不妊化法」を制定させるという結果を導いた。★☆★

★☆★ Garland E. Allen, "*The Eugenic Office at Cold Harbor, 1910-40: An Essay in Institutional History*", op.cit., pp.236, 246-9

4.4. 優生学とホラー映画

優生学において「正常性」を体現するイメージは、若く健康な白人女性であった。それこそが、正常な秩序を再生産するための礎だと見なされた。この白人女性の多産性を脅かすのが怪物であり、「劣等な」人種、階級、国家がこれにあたるものとされた。

怪物性は視覚的な奇形性として表象されるのが常であった。実際、優生学記録所のフィールドワーカーたちは、たった二、三週間の訓練をうけただけで、対象となる人間が健康な生殖細胞を持っているかどうかを一目で見分けられるようになるとされた。けれどもそれは、優生学が身体外部の「物質的隠喩」に依拠していたことを逆に証し立てているにすぎない。フィールドワーカーたちは、明らかに見た目で人を判断していたということである。★★★

チェーザレ・ロンブローゾ（1835-1909）:観相学の犯罪心理学への応用の背景には、ダーウィンの『種の起源』を読んで衝撃を受けたという体験があった。とはいえ、進化論そのものをよく理解しないまま、犯罪者の身体的特徴に退化を見出すかたちで応用したのではあったけれども。

逆にいえば、優生学とは障碍《しょうがい》の「フィクション」だったのだといえる。目に見えない遺伝子がもたらす障碍を視覚化することを通して、正常性に関する言説を作り上げようとしたのである。

障碍とは「隠喩の物質性（materiarity of metaphor）」を持つものであった。障碍は、正常性を生み出し、これに価値を与えるための筋書きを生み出すという目的に使われたのである。それは「物語の補《ほ》綴《てい》（narrative prosthesis）」であり、「物語の筋が表現の力、破壊的潜在力、分析的洞察を得るためによりかかる松葉杖」だったのである。★★☆

優生学は前世紀に犯罪心理学の祖となったチェーザレ・ロンブローゾ

★★★ Angela M. Smith, *Hideous Progeny: Disability, Eugenics, and Classic Horror Cinema*, op.cit., pp.12, 36

★★☆ Ibid., pp.5-7

（Cesare Lombroso）の理論を新しいかたちで引き継いだものだったともいえる。ロンブローゾは、非倫理的行動は、隔世遺伝や進化的退化によって加速されるとし、ある種の身体的特徴を堕落や犯罪と結びつけたからである。外的な差異が内的な倫理性の結果だとする、疑似科学の伝統に接ぎ木されたものにすぎなかったのである。★☆★

優生学の影響を受けた映画は、無声映画時代にいくつか作られている。『遺伝（*Heredity*）』（一九一二年）、『第二世代（*The Second Generation*）』（一九一四年）、『受け継がれた罪（*Inherited Sin*）』（一九一五年）、『黒いコウノトリ（*The Black Stork*）』（別名『あなたは結婚に適していますか？（*Are You Fit to Marry?*）』）（一九一六年制作、一九二七年公開）などである。

このなかで、否定的な優生学的思想をもっとも明白に描き出したのは、最後の作品『黒いコウノトリ』である。主人公は、ダヴェンポートやアメリカ優生学協会の会長アーヴィング・フィッシャー（Irving Fisher）の支持を受けて、障碍《しょうがい》のある子どもの堕胎を行ったシカゴの外科医ハリー・ハイセルデン（Harry Haiselden）であった。ハイセルデンは、障碍《しょうがい》を持って生まれた子どもがいかに悲惨な人生を送るかを親に見せて堕胎を了解させるのである。☆★★

優生学映画
：モンスターの語源であるラテン語のmonstraには「見せる、陳列する、警告する」という意味がある。逸脱的身体を視覚化することで啓蒙の役割を果たそうとしたこれらの映画には、優生学的規範からの逸脱はモンスターを生むというメッセージが秘められていたことになる。

★☆★ Angela M. Smith, op.cit., p.8
☆★★ Ibid., pp.17-8

古典的ホラー映画では怪物は再生産＝婚姻への脅威として描かれる

けれども、これよりさらに隠喩的なかたちで優生学的世界観を描き出し、しかも多くの観客に支持された作品が存在する。それらが、いずれも一九三一年に公開された古典ホラーの代表作であるベラ・ルゴシ主演の『魔人ドラキュラ（*Dracula*）』とボリス・カーロフ主演の『フランケンシュタイン（*Frankenstein*）』であった。

これら二つの作品において、怪物は再生産への脅威として描かれる。結婚とは、再生産の儀式である。結婚は、生物学的、社会的、経済的継承のための正常な男女の結合を印象づけるための儀式なのである。だから、怪物がいる間は、映画のなかで婚姻が行われることはない。

北欧系の白人種を最良の存在と位置づけて優生学を支持したアメリカの弁護士マディソン・グラントは、優生学的再生産について、最良の人間から生まれるか、最悪のものを隔離あるいは不妊化によって滅ぼすしかないと語った。その図式通り、これらの古典的ホラー映画においては、秩序ある社会に侵入し、正常なカップルを脅かす怪物は最終的に破壊されるか、あるいは追放されるという終わりを迎える。怪物が滅んでようやく、世界には秩序が回復され、それによって初めて婚姻が可能となる。

『フランケンシュタイン』では、怪物の死後に、ヘンリーとエリザベスの結婚の場面が描かれる。『魔人ドラキュラ』においては、ドラキュラが斃《たお》された後、ハーカーとミナが階段を上るシーンがある。この場面でミナが引きずるナイトガウンの裾は、ウエディングドレスを想起させるし、その場面に合わせるかのように映画の終わりに響きわたるのは教会の鐘の音である。★☆☆

★☆☆ Ibid., p.43

4.4.1. 『魔人ドラキュラ』

まず『魔人ドラキュラ』から詳しく見ていくことにしよう。

この映画はブラム・ストーカーの原作を元に、これを恋愛の言葉で語り直したものとなっている。それは優生学的文脈につなげるのに最適の手法であった。なぜなら、そうすることで再生産のドラマにおける異邦人性、堕落、病気の脅威を描くことが可能になるからだ。正常な白人国家の身体に、病気や感染や身体的不具合がいかにして入り込むのか、それらはいかにして排斥されるのかを描くことができるようになるのである。★★★

ドラキュラが性的な脅威であることは、彼が女性の寝室に入り込むことによって表象されている。一九三〇年代当時の検閲の指針では、男女が寝室に入ることは、見えない場所での性行為を意味していたのである。★★☆

けれども異邦人であるドラキュラの性は、逸脱したものとして描き出される。なにしろ、彼は牙で血を吸うという異常なかたちでしか女性と関係を持てないからだ。

さらにいえば、一番最初の寝室場面でドラキュラが襲ったのは女性ではなく、レンフィールドという男性であった。レンフィールドは、ドラキュラが現れる前から同性愛者的に描かれ、血を吸われた後は狂ったように笑ったり、ヒステリックに泣きわめいたり、昆虫の血を欲しがったりと異常な行動を示すようになる。それは、汚れた血が混入したせいだと説明されるわけだが、ドラキュラがまずは

ブラム・ストーカー（1847-1912）：16カ国語を話す東洋言語学教授アルミニウス・ヴァーンベーリから聞いたトランシルヴァニアの吸血鬼伝説に刺激を受け、大英図書館に通って資料を渉猟し、『ドラキュラ』を執筆。ヴァーンベーリはヴァン・ヘルシングのモデルとなった。

★★★ Angela M. Smith, op.cit., p.56
★★☆ Ibid., p.43

男性を襲ったというところにも、怪物の性が「正常」ではないというニュアンスが秘められているのは間違いのないところだろう。★☆★

ドラキュラは非優生学的な再生産＝血の混合を行う

ドラキュラは優生学の敵であり、再生産の敵であるが、実際にはドラキュラは独自の再生産を行いもする。なぜならドラキュラは、上流階級の血を吸い上げ、自らの血をそそぎ込むことによって自らの子となし、彼らに別の上流階級の者の血を吸わせることで、さらなる再生産を行うからだ。

ドラキュラの「悪い遺伝子」が再生産され、犠牲者の身体を通して露わになるのである。ドラキュラの血が汚れているのは、彼が東欧からの移民だからであり、たとえば、歴史学者にして優生学の支持者であったロスロップ・ストッダード（Lothrop Stoddard）は、「東欧のスラブ系はみなアジア系モンゴル人とトルコ人

★☆★ Angela M. Smith, op.cit., pp.45, 52, 57

吸血鬼ドラキュラ
：ドラキュラが、ヴァン・ヘルシング に「わたしの血がいま彼女の血管を 流れている」と言い放つとき、観客は、明らかに東方からの移民による、イギリス人女性の性的征服と、その結果としての血の混合の恐怖を体験することになる。

によって妊娠させられている」と述べている☆★★。

実際ドラキュラにおける血の隠喩は、まさに優生学のそれと軌を一にするものでもあった。なぜなら、優生学では当時まだよくその正体がわかっていなかった遺伝子を、血として表象していたからである。

たとえば、優生学者のひとりであったデイヴィッド・スター・ジョーダン（David Star Jordan）はその著書『国家の血液：民族の腐敗の研究（*The Blood of the Nation: a study of the decay of races through survival of the unfit*）』（一九〇二年）において、「国家の血がその歴史を決定づける……国家の歴史がその血を決定する」と述べている。

また、一九一三年に大統領セオドア・ルーズヴェルトは、「よき市民の責務は、その血を世界に残すことだ」と語っている。優生学記録所における一九二七年の記録にも、「最良の血」の再生産を促す必要があるという記述がなされている。

さらに、アメリカ優生学協会（ＡＥＳ）は、国家の血の「流れ」が、いわゆる堕落者（退化者）の望まれざる遺伝子の流入によっていかに「妨げられ」「汚染されて」いるかを説いた。さらに、彼らは多産なので、国家を毒の血であふれさせるだろうと述べた★☆☆。

血は遺伝子の比喩であり、再生産行為の隠喩であった。それゆえ、血の混合は非優生学的な再生産を、血の喪失は良き遺伝子をもつ種が、劣った集団に圧倒されることを意味した。だから、ドラキュラに吸われることでルーシーの血が減少することは、国家の「最良の血」の力の縮小を意味していたことになる。☆★☆

血を通して逸脱した性的再生産を行うがゆえにドラキュラは怪物なのであり、これを科学的還元と暴力を用いて殲滅するのがヴァン・ヘルシングの役目となる。「昨日の迷信は今日の科学的現実となりうる」と語るヘルシングだからこそ、科学的であると同時に幻想的な存在でもあるドラキュラを追いつめて殺すことができたのである。☆☆★

国家の身体に入り込んだ不純な血は殲滅されずに残される

けれども、とホラー映画を通して文化・ジェンダーを研究しているユタ大学の

☆★★ Angela M. Smith, op.cit., pp.45-7, 49
★☆☆ Ibid., pp.43, 47-8, 50; Christina Cogdell, “*Smooth Flow: Biological Efficiency and Streamline Design*”, op.cit., p.221
☆★☆ Ibid., pp.47-8, 50
☆☆★ Angela M. Smith, *Hideous Projeny*, p.42

アンジェラ・M・スミス（Angela M. Smith）は語る。この映画は単に、逸脱した性的再生産を行う怪物が退治されて、性的な秩序が回復されて終わるという単純な物語とはなっていない、と。なぜなら、ハーカーの許嫁《いいなずけ》であるミナの問題が未解決のままで残されるからである。ドラキュラの死後も、ドラキュラに一度血を吸われたミナはそのままで残される。つまり、ミナの血とドラキュラの血は「混合」されたままの状態なのである。

それは、優生学的には異民族の移民が、白人女性を妊娠させたイメージであり、劣った不純な血が国家の身体に入り込んだイメージである。映画の冒頭にのみ登場する吸血鬼の妻たちがそのままで放置されることも忘れてはならないだろう。不純な血、汚れた血は殲滅されたわけではなく、映画の終了後にも残っていくことが暗示されているのだから☆☆☆。

☆☆☆ Angela M. Smith, op.cit., p.50, 53

4.4.2. 『フランケンシュタイン』

もうひとつの怪物の物語、『フランケンシュタイン』の場合はどうだろう。

メアリ・シェリーの原作を読んだ観客がこの映画に対して最も違和感を抱くのは、主人公のマッドサイエンティスト、ヘンリーの助手であるフリッツが、大学教授であるワルドマンの講義室から「異常」というラベルの貼られた脳を盗み出す場面である。映画版では、「異常な」脳を埋め込まれたことが、怪物の犯罪性、反社会性を証し立てる最大のよりどころとされている。

この変更について、メアリ・シェリーの研究者であるマーティン・トロップ(Martin Tropp)は不必要な流れであると書いているし、文化史学者のデイヴィッド・スカル(David Skal)は、これを原作からの最大の逸脱であると糾弾している。

メアリ・ウルストンクラフト・ゴドウィン・シェリー
(1759 - 97)
: 名前を見ればわかるとおり、メアリ・シェリーは、フェミニズムの始祖とされるメアリ・ウルストンクラフトを母とし、無神論者にしてアナーキズムの先駆者となったウィリアム・ゴドウィンを父とするエリートの家系に生まれ、さらに当時随一の詩人とされたパーシー・シェリーを夫とすることで、最高にインテリジェントな環境を生きた人であった。

さらに、有名な『フランケンシュタインの影の下に（*In Frankenstein's Shadow: Myth, Monstrosity and Nineteenth Writing*）』の著者であるクリス・ボルディック（Chris Baldick）は、このプロットが怪物の動機を単純化してしまったと指摘している。★★★

　けれども、これを時代の科学であった優生学の視点から見ると、きわめて自然な変更であったことがわかってくる。つまり、この変更によって映画は怪物を優生学化したのである。なぜなら、異性愛によらず、自然な出産を通さず、優生学的ではない手法で誕生せしめられたこの怪物は、そもそもが異常な存在であった。その異常性を、生命の始まりの瞬間から決まっていたものとして生物学的決定論的に説明可能にしたのが、この「異常な」脳だったのである。★★☆

　端的には、この異常な脳は優生学における

「精神薄弱」という欠陥として顕現する。観客は、怪物の見かけや行動を通して、劣った知性、階級の低さ、犯罪性と結びつけられた「精神薄弱」という遺伝的特性を確認することになる。★☆★

アメリカの優生学者たちは精神薄弱という用語を数値化しようとした

精神薄弱という用語は、二十世紀の初めに精神的「劣等性」を示す新しいレッテルとして用いられたもので、現代では「精神遅滞」「発達遅滞」「知的障碍《しょうがい》」と呼ばれているものに相当する。

フランス人のアルフレッド・ビネー（Alfred Binet）が一九〇五年に発案した知能検査とは、そもそもこの知的な遅滞を調べる検査であり、これを通してアメリカの優生学者たちは、精神薄弱を数値化しようと試みていたのであった。この検査では、遺伝的要因と環境的要因を区別することは困難だったが、優生学者たち

★★★ Ibid., p.63
★★☆ Angela M. Smith, op.cit., p.61
★☆★ Ibid., pp.62-3

『フランケンシュタイン』(1831)の挿絵
：絵を見ればわかるように、原作から得られる怪物の姿は巨大な（醜い）人間といった程度のイメージでしかなかった。こんにち誰もが知っているあのフランケンのイメージは、それから百年後の映画によって作り出されたものなのである。

は、これを生得的な能力を測定するものだと見なした。

これによって、たとえば階級関係を生物学的宿命として再解釈することが可能になった。なぜなら、きちんとした教育を受けることができない下層階級の数値が、中産階級のそれに劣っているのは当然の帰結であったからだ。けれども、優生学者は、これを「環境要因」によるものとは解釈せず、「生得的な」能力として捉えたのであった。

怪物が非優生学的な手法で誕生せしめられたことが犯罪性・反社会性と結びつけられた

さらに、優生学者転じて後に霊長類学の祖となる心理学者ロバート・マーンズ・ヤーキーズ（Robert Mearns Yerkes）が一九一〇年代に開発した「アルファ・アンド・ベータ・テスト」は、視覚的手法によって「生得能力」を測定することが可能なものとされた。後にこれもまた生得能力ではなく、経済的、人種的特権を測るものにすぎないことが暴かれたけれども、当時優生学者たちは、これによって移民、徴兵、精神病院のための普遍的尺度を得たと考えたのであった。

かくして、貧困家庭は「後退した」、国家への犯罪的負担であると、数字で表現された結果を用いて語ることが可能になった。一八九〇年代から大量に流入したイタリア人、ロシア人、チェコ人、スラブ人、セルビア人らに関しても、そのＩＱがアングロサクソンより劣るという結果を導き出すことに成功した。実際には複雑なものであり、潜在的には文化的な現象であるものが、生理学的事実とされたのである。

また、医学博士のウォルター・Ｅ・フェマルド（Walter E. Femald）が一九一二年に「すべての精神薄弱者、特に高度の遅滞を有するものは、潜在的な犯罪者である」と述べたことでわかるように、精神薄弱は、しばしば犯罪と結びつけられた。また、精神薄弱はしばしば身体的な力の強さや活力と結びつけられもした。☆★★

さらに、こうした精神的欠陥や、先祖返り、犯罪行為などの劣性の能力を示す精神薄弱は遺伝するとされた。優生学者、心理学者のヘンリー・Ｈ・ゴッダード（Henry H. Goddard）の著書『カリカック家：精神薄弱の遺伝についての研究（*The Kallikak: A study in the Heredity of Feeble-Mindedness*）』（一九一二年）は、カリカック家の系譜学を、メンデルの法則を厳密に応用することで分析し、精神薄弱がいかにして遺伝していくかを跡づけた。

こうした「科学的」言説が、不適応者に対して結婚制限を課したり、施設に収容したり、さらには断種を強制したりといったことを法制化するための根拠とされた。★☆☆

映画版『フランケンシュタイン』は「精神薄弱」を視覚化した

映画版『フランケンシュタイン』は、こうした階級の低さと、原始性や犯罪性を結びつけるかたちで「精神薄弱」を視覚化したのである。

十九世紀においては、メアリ・シェリーの怪物はしばしば「暴徒の支配と暴力」の形象とされ、さらには労働者階級、無教養者、アイルランド人として政治的に戯画化された。だから、怪物は労働者の衣装に身を包んでいるのである。そして映画版において、カーロフが演じた怪物は、こうした貧しい労働者階級を、優生学的に制度化し、客体化し、医学化することに貢献したのであった。☆★☆

☆★★ Angela M. Smith, op.cit., p.64; Megan H. Glick, "*Ocular Anthropomorphism: Eugenics and Primatology at the Threshold of the "Almosnt Human"*", Social Text 112, vol.30, no.3 fall 2012, pp.102-3; Kenneth T. Jackson, *The Ku Klux Klan in the City 1915-30*, NY: Oxford UP, 1967, p.22
★☆☆ Angela M. Smith, op.cit., pp.64-5, 67
☆★☆ Ibid., pp.66-7

怪物の創造者ヘンリーの師にあたるワルドマン教授は、講義の中で二つの脳を学生たちに示す。一つの脳はこれまで見た中で最高の脳であるとされ、もうひとつは「典型的な犯罪者」の「異常な脳」であると紹介される。

「見たまえ諸君、通常の脳と比べたときの前頭葉の脳回（大脳皮質のしわの隆起した部分）の少なさと、前頭葉中央部にある明らかな縮退を。こうした退化的特徴はわれわれ以前に生きていた野蛮と暴力と殺人を行った者たちのそれと驚くほどに一致している」（映画脚本より☆☆★）

ワルドマンの講義内容は、つまるところ、精神的欠陥や犯罪的行動を、脳の器質的な状態に還元しようとするものであり、優生学の発想と軌を一にしたものなのである。

この講義の終了後、ヘンリーの助手であるフリッツは最初正常な脳を盗もうとするが誤って落とし、瓶を割ってしまう。そこで、もうひとつの「異常な」脳を盗み出し、ヘンリーがこれを人造人間の体に組み込むというのが映画の流れとなっている。やがてヘンリーがこの脳を使って作り出した怪物を見たワルドマン

☆☆★ http://www.springfieldspringfield.co.uk/movie_script.php?movie=frankenstein

映画『フランケンシュタイン』
：主演のボリス・カーロフは東欧からの移民であった。また、このメイクは、カーロフ自身の顔の特徴を際立たせると同時に、労働者階級のイメージと、当時流行していたアール・デコ風の幾何学的デザインイメージを融合させたものであった。

教授は、「野性の獣に対するように」この怪物を殺せと助言する。異常な脳を持った怪物は、人間よりも獣に近いものと見なすようにと、彼は説いているのである。

　優生学的な表現を当てはめられるのは、怪物だけではない。死体を盗み、犯罪者の脳を盗み、背徳的な生命の産出を行ったヘンリーとフリッツも、法を犯した非倫理的存在として描かれる。明らかに下層階級として表象されている助手のフリッツの場合は、背骨が湾曲した身体的奇形性によってその異常性が視覚化されている。上流階級の知識人であるヘンリーの場合は、身体的な奇形性ではなく、「神経衰弱」的な振る舞いという精神的奇形性によってそのことが印象づけられるようになっている。

　当時、「現代の知的生活はストレスをもたらし、それが正常な再生産を阻害する」という考え方があった。生存に困難のない現代生活は、適者生存の自然な過程を破壊あるいは逆行させ、人類が逆に退化するという事態が生じるというわけである。頭脳労働者であるヘンリーは、精神の不安定性、身体の脆弱さ、神経発作といった「神経衰弱」の兆候を示すが、優生学では、これも子孫に継承される遺伝的兆候であると見なされていた。[☆☆☆]

　とすれば、怪物が退治されてヘンリーとエリザベスが結ばれるということの映画のラストは、反優生学的なものということになってしまう。なぜなら、「神経衰弱」という劣性の遺伝的特性が再生産されることになってしまうからだ。実のところ、初期の脚本では、ヘンリーはマリアの父に誤殺されることになっていた。つまり、ヘンリーは優生学的には処分されねばならない存在だったのである。実際、怪物を追いかける旅に出る前に、ヘンリーは正常な弟ヴィクターに、エリザベスとの関係を促しもする。それは、ヘンリーの死の伏線として当初用意されていたものが完成版に残存してしまったものとも解釈できる。ヘンリーは、当初の脚本では、その台詞を通して優生学的恋愛を確保し、自らの死のための伏線を張るということになっていたのではないかと思われるのである。[★★★]

『ドラキュラ』も『フランケンシュタイン』も優生学的な思想を視覚的に大衆化する意図があった

さらにいえば、「神経衰弱」のヘンリーが生き残りはするものの、この映画の

☆☆☆ Angela M. Smith, op.cit., pp.74-6
★★★ Ibid., pp.78-80

ラストは必ずしもヘンリーとエリザベスの婚姻を指し示していないと、アンジェラ・M・スミスは述べている。怪物が斃された後、ヘンリーの父である男爵が、将来のフランケンシュタイン家の継承者に乾杯する場面がある。けれども、この場面に続くのは、ヘンリーとエリザベスのクローズアップではない。代わりに視野に映し出されるのは、扉の向こうのベッドにいる二人の人物の姿である。赤ん坊を抱いた父親と、そのベッドによりそう母親の姿である。彼らが何者なのかはわからないが、フランケンシュタイン家のベッドを与えられているということからは、身内の誰かであると予測することができる。とすれば、ヘンリーの父が祝福する優生学的な結婚は、むしろこの二人によって代替されたのだ、というメッセージをここからは読みとるようにと、観客に促しているようにも取れるのではないだろうか★★☆。

このように、『魔人ドラキュラ』と『フランケンシュタイン』は、きわめて優生学的な思想の影響下で、いわばその思想を視覚的に大衆化しようとする意図を秘めて作られたのだということが可能なのである。

★★☆ Angela M. Smith, *Hideous Progeny: Disability, Eugenics, and Classic Horror Cinema*, p.78

4.5. 優生学の衰退

優生学が、大衆文化に対し、いかに大きな影響力を持つにいたったかが、古典的なホラー映画の原作との相違から窺える。

とはいえ、優生学記録所所長であったローリンの、研究の枠を越えた、行きすぎた政治活動が、結果的には優生学の衰退を導くこととなった。特に一九二四年に施行された「ジョンソン法」の危険性が、それまで優生学の外部に閉め出されていた遺伝学者たちに語ることを要請した。優生学の「科学的」記録の多くは主観的なものであり、遺伝学による実証が必要だという声が挙がったのである。

最終的には、一九三五年六月十六日から十七日にかけて客員委員会が優生学記録所のデータを調査し、「人間の遺伝研究としては不十分なもの」との結論を出した。ほとんどのデータは主観的で、印象に基づくものでしかなかった。「学習されたもの」と「遺伝的なもの」との区別がなされておらず、遺伝学と系譜学の区別もできていなかった。さらには、家系図も未完成で、環境要因と遺伝要因の区別ができていないようなものであった。遺伝学の観点からは無価値なものであるとされたのである。役に立たないシステムに時間とお金を無駄遣いしてきたことが露わにされたのであった。

優生学の「科学的」記録の多くは主観的なものであり遺伝学の観点から無価値とされた

ローリンはさらにもうひとつの大きなミスを犯した。一九三三年にドイツで政権を奪取したナチス党を支持したことであった。ローリンはナチスの行いについて、政府が中心となって優生学を実践していることを礼賛し、ナチスが施行した不妊化法を「モデルとなるべき法」と見なしたのであった。『優生学通信』に匿名で書かれた記事であったが、作者がローリンであることは誰の目にも明らかで

あった。[★★★]

それでも優生学は滅びたわけではなかった。優生学記録所が閉鎖された後、ローリンの友人であったフレデリック・オスブーム（Frederick Osboom）が新しいスタイルの優生学を創始したからである。ロックフェラー財団の援助を受けたそれは、国際的な人口調整実験を目指すものであり、つまりはローリンの不妊化原則を世界規模に拡大するという意図のものであった。[★★☆]

さらに、もうひとつ優生学のイデオロギーを別の形で引き継いだ学問が存在した。それが霊長類学であった。なにしろ、こんにち霊長類学の祖とされるロバート・マーンズ・ヤーキーズは、優生学からの転身組だったからである。先に、アルファ・アンド・ベータ・テストの考案者として紹介したことからも、彼の優生学との結びつきは明白だろう。

★★★ Garland E. Allen, "*The Eugenic Office at Cold Harbor, 1910-40: An Essay in Institutional History*", op.cit., pp.242-3, 251-2

★★☆ Ibid., p.254

4.6. 黒いチンパンジーと白いゴリラ

類人猿は動物の範疇のなかできわめて特異な位置におかれている。人類との類似性と、西洋の文化的意味論における中心的役割のせいである。

たとえば、類人猿はいまでも原始性や、人種的な帝国主義の正当化、社会的ダーウィニズムの刷り込みに貢献している。具体的には、歴史上の政治的戯画で猿がどのように描かれてきたかを見てみれば一目瞭然であろう。すなわち類人猿は、非白人の原始的傾向あるいは「野蛮さ」を表象してきたのである。高名な科学史家であるダナ・ハラウェイ（Donna Jeanne Haraway）は、このような類人猿の位置を「自然と文化、原始性と近代性、動物性と人間性との間のボーダーゾーン（Border Zone）」と呼んでいる。[***]

では、霊長類学はどのように人種の差別化に利用されたのだろうか？

たとえば、一九一三年にイギリスのサセックス州でミッシングリンクが発見されたという報告がなされた。「ピルトダウン・スケルトン（Piltdown skelton）」と名付けられたそれは、アングロサクソンの起源であると説明された。そして、アフリカ人たちは、このピルトダウン・スケルトンが大陸に帰って退化した系譜であるという説明がなされたのである。すぐにこれは偽物と判明したのだが、ここに、白人社会の潜在的欲望が露わにされたといえる。★★☆

すなわち、人間は類人猿から進化したのだというダーウィニズムが定着した後に、いかにして白人種と有色人種を差別化するのかという問題である。優生学的説明が失効しつつあった一九三〇年代に、その答えをもたらしてくれたのがヤーキーズを中心とした萌芽期の霊長類学だった。それは、白いチンパンジーと黒いゴリラという対比のかたちで提示された。つまり、チンパンジーから進化したのが白人であり、ゴリラから進化したのが黒人であるとして、起源からの人種分離を行ってしまうという方策であった。

★★★ Megan H. Glick, "*Ocular Anthropomorphism: Eugenics and Primatology at the Threshold of the "Almosnt Human"*", op.cit., p.97

★★☆ Ibid., p.100

ロバート・マーンズ・ヤーキーズ（1876-1956）：優生学、心理学、霊長類学と多岐にわたる活動を展開した人物であった。たとえば、罰を与えたほうが学習効果が高まることをネズミを使って実験して証明した「ヤーキーズ・ドットソンの法則」は、生理心理学の基本法則のひとつとなっている。

The New York Times.

PARTS III. AND IV.
Special Foreign Dispatches—Sports.

SUNDAY, DECEMBER 22, 1912.

DARWIN THEORY IS PROVED TRUE

English Scientists Say the Skull Found in Sussex Establishes Human Descent from Apes.

THOUGHT TO BE A WOMAN'S

Bones Illustrate a Stage of Evolution Which Has Only Been Imagined Before.

CREATURE COULD NOT TALK

Probably Lived at a Time When Other Species of Humans Had Developed Further Elsewhere.

Special Cable to THE NEW YORK TIMES.

Old canvas trunk holds identity of Piltdown hoaxer

By Roger Highfield
Science Editor

‘Fraud would have been an ideal way to get back at the pompous, stuffy keeper’

The charming eccentric with a passion for pranks

Top: Prof Smith Woodward, second left, at the dig. Above left: hoax skull. Right: Piltdown man reconstructed

ピルトダウン事件を取り上げた当時のメディアの記事。ねつ造発覚以前の新聞には「ダーウィンの説が真実と立証」の見出しが踊っているが、発覚後のものには「hoax」（でっちあげ）の文字が見える。

チンパンジーから進化した白人 ゴリラから進化した黒人 という起源からの人種分離

かくして、チンパンジーは人間化され象徴的に白人化された。それと対応するかたちでゴリラは黒人化されることとなり、人種的ヒエラルキーが「生物学的に」再肯定されることとなった。人種を「種の差異」として読むことが可能であるという本質主義が再保証されたのである。

それは同時に、この時代の人々を恐怖させていた「退化」の可能性を払拭してくれるものでもあった。たとえば、ピルトダウン・スケルトンの時のような、同じ起源から出た「種」のなかで進化した存在が白人であり、退化したのが黒人だという論法であれば、白人にも退化の可能性が残されることになる。ところがいまや白人と黒人は「種」として異なるということが明らかになったのだ。それは、退化の可能性を消し去り、進化の固定性のみを残してくれるありがたい発想法でもあった。★☆★

★☆★ Megan H. Glick, '*Ocular Anthropomorphism: Eugenics and Primatology at the Threshold of the "Almosnt Human"*', pp.98, 113, 117

エドガー・ライス・バロウズ（1875-1950）:アメリカの大衆小説作家。『ターザン』のヒットで世に出るや、火星シリーズ、金星シリーズ、地底世界シリーズなどの波乱万丈の冒険ものを次々とものし流行作家となった。『ターザン』シリーズだけでも25冊以上ある。

かくして、大衆意識にそうした文化的意味が刷り込まれることとなる。その代表選手ともいえるのが、「ターザン」であった。ターザンの原作は、エドガー・ライス・バロウズ（Edgar Rice Burroughs）による一九一二年の『猿のターザン（*Tarzan of the Apes*）』に始まるシリーズであった。遺棄された白人の子どもが、ジャングルで類人猿に育てられるという物語である。原作では、その「優しさ」と「知性」をもつ類人猿がどの種類にあたるのかは明記されていなかった。一方、その類人猿たちが死をもたらす野蛮な敵と見なしている存在は、はっきりとゴリラとして描かれていた。

ターザンとは猿たちの言葉で「白い肌」を意味する

ところが、霊長類学誕生後の一九三二年に映画化されたとき、ターザンを育てた名もなき善意の種族はチンパンジーとなり映画タイトルも『猿のターザン』から『類人猿ターザン（*Tarzan the Ape Man*）』に変更されていた。若いチンパンジーには本物が使われたが、大人のチンパンジーは白人の俳優によって演じられた。

またターザンには、原作には登場しないチンパンジーの相棒チータ（Cheeta）が与えられた。チータは、ジャングルに住む原住民より文明化された知的な存在として描かれた。実際、映画の中でターザンとチンパンジーの家族は英語を修得しさえするのである。

一方、人間である原住民たちはついに英語を身につけることはない。チンパンジーは非白人より優れた（より白人に近い）存在であり、白人社会とつながりを持ちうる存在であるということが、そこにはメッセージとして潜在せしめられていたのである。当初、アフリカの原住民性をもつ存在として登場するターザンは、最終的には英語、マナー、現代世界の価値観を身につける。つまり、「白人性」を獲得して、原住民から白人へと進化を遂げる。ターザンという名前自体がそのことを暗示している。なぜなら、ターザンとはその猿たちの言葉で「白い肌」を意味するからである。実際、白い肌を持たない原住民とゴリラは、ついにその停滞と退化から抜け出すことはない☆★★。

チンパンジーの準白人性は、二十世紀の初めから準備されてもいた。長編映画の前に上演される短編作品に、しばしばチンパンジーは登場していた。そして、非白人の俳優の名前がクレジットに出ない時代に、チンパンジー俳優の名前はきちんと表示されていたのである★☆☆。

一九二〇年から五〇年まで続いたヒュー・ロフティング（Hugh Lofting）の「ドリトル先生」シリーズも同様である。なぜなら、ドリトル先生の主要登場人物の一人は彼の助手を務める早熟なチンパンジー「チーチー（Chee-Chee）」であり、アフリカでドリトル先生が治療を行うとき、迷信深い現地の動物たちに機転で治

療を受けさせるようにしむけるのが、このチーチーだったのである。[☆★☆]
　他方でゴリラはいかにして表象されたであろうか。たとえば、映画版にはターザンの恋人となる白人女性ジェーンが、原住民によって捕らわれゴリラの穴に落とされるというシーンがある。そこには、ジェーンの白い肌と、ゴリラや原住民の黒い肌の対比があり、それは植民地時代の人喰人種の幻想を蘇らせもする。この表象が極点に達するのが『類人猿ターザン』の翌年につくられた映画『キングコング』（一九三三年）となる。古代性を象徴する恐竜が徘徊する島で、黒い原住

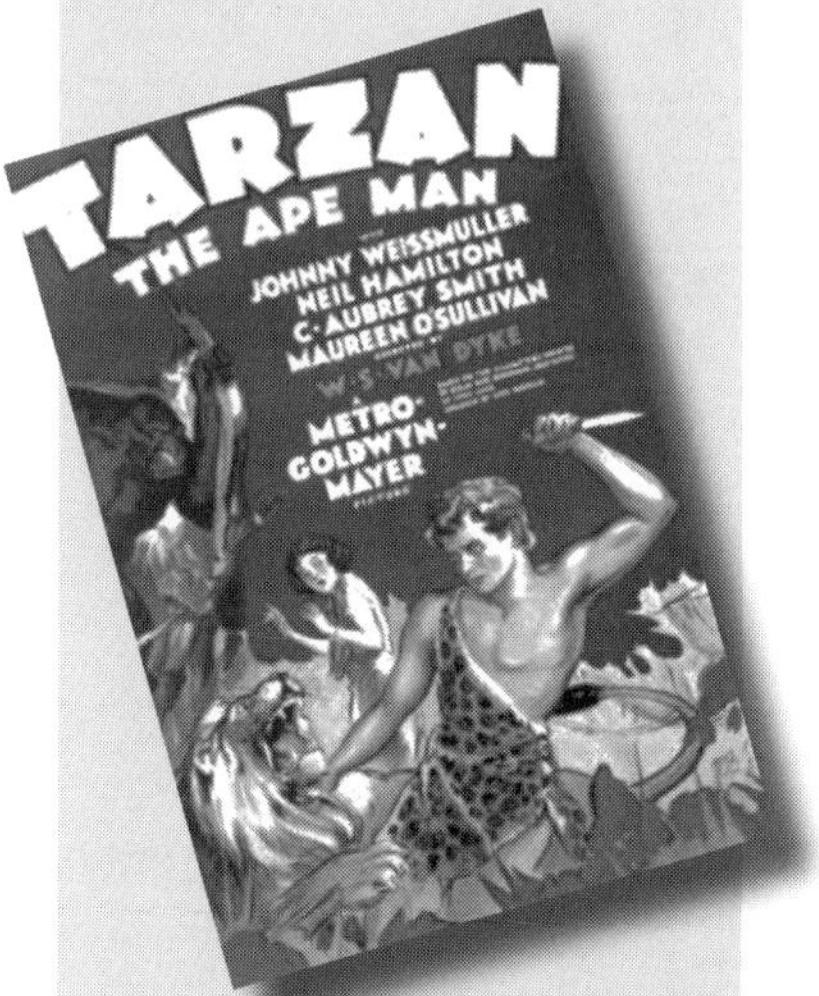

ターザン
:ターザンは、本名をグレイストーク卿ジョン・クレイトンというイギリスの貴族の子弟である。典型的な貴種流離譚のパターンを踏襲した物語なのである。同時に、ジャングルの世界観で西洋世界を見るターザンは鋭い文明批評家ともなる。

☆★★ Megan H. Glick, op.cit., pp.113-5
★☆☆ Ibid., p.114
☆★☆ Ibid., p.114

民たちから畏れあがめられる存在として君臨する巨大な黒いゴリラがキングコングであり、原住民たちが彼の花嫁として白羽の矢を立てるのがフェイ・レイ(Fay Wray)演じるところの白人女性アン・ダロウ(Ann Darrow)となる。

『キングコング』は黒人性が白人社会に与えた性的な危機感を極限化した作品

『ターザン』や『キングコング』で描かれる、危機にさらされた白人女性の視覚的表現が与える衝撃を、映画監督のビリー・ワイルダー(Billy Wilder)は「生身の衝撃(Flesh Impact)」と呼んでいる。視覚的なものを超えて触覚的なものへと越境するその感覚越境的効果について、ワイルダーは「生身のように映し出される肉体。それは手を伸ばせば触れられるように感じられる」と語っている。とはいえ、この概念は白人女性にのみ適応されるものであり、白人性に対する賛美の代替ともなっている。☆☆★

☆☆★ Megan H. Glick, op.cit., pp.115-6

『ターザン』と同じ年に作られた映画『サイン・オブ・ザ・クロス』（1932）の1シーン。「フレッシュ・インパクト」がもっとも明白に感じ取れるものとなっている。

『キングコング』はだから、ジャック・ジョンソンという傑出した「白人社会の敵」を原型としつつ、その黒人性が白人社会に与えた、なによりも性的な危機感を、優生学、そして霊長類学というフィルターを通して極限化した作品だということになるだろう。

傑出した黒人は、人間を超えた進化形としてのスーパーマンにはなれない。逆に、人間から果てしなく退化し、古代性、野蛮性、性的脅威を体現した怪物として表象されることになったのだと、ひとまず結論づけておこう。

黒人に賦与された古代性、野蛮性、性的脅威とはまったく逆のベクトルを白人に付すると、それがスーパーマンとなる。つまり、キングコングとスーパーマンは同じ衝動のポジとネガであるということ。そのことをこれから検証してみたいと思う。

4.7. 効率性の時代

手始めとして、もう一度優生学に立ち返ってみることにしよう。

優生学の背後には十九世紀後半から二十世紀の前半にかけて起こった社会の激変がある。たとえば、産業化である。つまりは田舎中心の農業から、都会中心の産業形態への移行ということであり、それは新しい経済的問題をともなうものだった。価格変動や不況、これに応じるかたちでの労働者側での労働組合の結成やストライキなどである。

こうした問題をなんとか科学的、技術的知識を用いた計画経済によって組織化し、制御できないだろうかというのが、この時代の課題であった。

たとえば、鉄鋼王アンドリュー・カーネギー（Andrew Carnegie）の『富の福音（*The Gospel of Wealth*）』（一八八九年）などに見られる富裕層の側からの社会改革の

アンドリュー・カーネギー（1835-1919）：アメリカンドリームの典型像のひとり。スコットランドの貧しい家に生まれ、アメリカに移民し、工場労働者から出発した。最終的には「鉄鋼王」となって、ロックフェラーと並ぶ大富豪のひとりにまで登りつめた。

精神がそれにあたる。その背後には社会的責任としての伝導的使命という発想がある。それは、個々の経営者が他者からの介入を受けることなく、自由意思で決定を行うことができる自由経済から、国家が資源配分を市場の価格調整メカニズムにゆだねず、管理しようとする計画経済への移行を意味していた。

カーネギーやロックフェラーのような財閥が成長できるような土壌を、その土壌ゆえに成長できた財閥たちが管理の下に置こうとする行為である、とそれを解釈することもできるだろう。

フォーディズム、テイラー主義、そして優生学もまた、まさにこの時代の寵児だった

こうした経済活動の上からの管理においては、効率性が礼賛された。それは具体的には、より大きな社会的経済的安定性を達成するために、科学的知識を使って社会を制御することが必要だという考え方であった。★★★

工場における機械と人間の活動のインプットとアウトプットが分析された。制御計画の専門家が複雑な作業を要素へと還元し、労働を分業化することが試みられた。時間、空間、エネルギーの効率的な活用というのが、アメリカのビジネスリーダーたちの最大の関心事となったのである。この問題は、最終的にはヘンリー・フォードのベルトコンベアシステムというかたちで一応の解決を見ることになるが、問題を結果ではなく出発点でいかに矯正するかということがこの時代の課題だったわけである。

チャップリンの『モダン・タイムス』を見れば、細分化され、分業化された作

★★★ Garland E. Allen, op.cit., p.256

『モダン・タイムス』のベルトコンベアのシーン
:チャップリン扮する労働者は、ベルトコンベアでの単純作業の繰り返しの後、休憩時間になってもその機械的動作が止まらなくなってしまう。その姿は、管理されて主体的意思を奪われ、合理的な機械部品へと還元されてしまった労働者の極限状態（＝資本家側の理想像）を表しているといえる。

業とはどういうものなのかがよくわかるだろう。誰でも代替可能な要素にまで労働を細分化し、単純化することによって、不測の事態が起こっても即座に修復が可能であるようなシステム、とそれを言い換えてもよいだろう。それはすなわち、「予防」という発想である。経済問題から社会問題まで、あらゆる問題を科学的手法で未然に防ぐということが目指されたのである。★★☆

他の何よりも、こうした発想の中心となったのは、「科学的管理法の父」と呼ばれるフレデリック・テイラー（Frederick Taylor）であろう。労働をいかに管理し効率化するかを追求した彼は、一九一一年に著した『科学的管理の原理（*The Principles of Scientific Management*）』のはしがきで次のように書いている。

> 最善の管理は、はっきりした法則と原理とを土台とする真の科学であることを証明する。更にすすんで科学的管理法の根本原理はきわめて簡単な個人の行為から、きわめて細かな協力を必要とする大会社の仕事に至るまで、あらゆる人間の活動に応用ができることを明らかにする。★☆★

★★☆ Garland E. Allen, op.cit., p.256
★☆★ F・W・テーラー『科学的管理法』上野陽一訳・編、産能大学出版部、昭和 44 年第 1 版、平成 7 年第 22 版、p.225

労働を細分化・単純化し、出来高払いや割増払いなどの奨励を提示することで「精進」を促して効率を上げるという自らのシステムが、工場のみならず、家庭、農場、小売業、教会や慈善施設、大学や政府部局にまで応用可能な「科学的原理」であると、彼は主張したのであった。それは、「科学」によって、社会全体の効率化を目指したものであった。フォーディズムと並んで悪名高いテイラー主義は、まさにこの時代に産声を上げたものだったのである。

とすれば、社会改良運動であるとともに科学的運動であった優生学もまた、まさにこの時代の寵児であったといっても過言ではないことになる。優生学は「欠

フレデリック・テイラー（1856-1915）: "Taylor Shop System" という独自の方法で、工場労働の合理化を行い、生産性を高めることに成功し、マネジメントという概念の出発点を作った人物。労働組合などに対しては、効率性に反するとして反対の立場を貫いた。

陥のある階級」という社会問題を改善することを目指した運動であった。さらに、その目的は国家の効率性であり、これを合理的、科学的計画のもとに達成しようとしたものであったからである。社会管理と効率的計画という社会的イデオロギーの相関が、そもそもの初めから優生学にはあったのである。実際、ダヴェンポートらは、生物学や統計学の知識を社会問題に適応するのだと主張し、農業経営から人間の原形質にまでいたる実生活のあらゆる側面に、合理的、科学的方法を導入することを支持したのであった。☆★★

効率性は経済的問題のみならず身体的・倫理的問題にも適用された

効率的な生活ということが、優生学者と進歩派の間で共通した基本的関心であった。この「効率性」は経済的問題のみならず、身体的な問題にも、倫理的問題にもあてはめることができると見なされた。

☆★★ Garland E. Allen, op.cit., pp.233, 257-8

これを実現するために必要とされたのが、科学的訓練を受けた専門家であり、アメリカのビジネスが社会科学や自然科学の専門家に牛耳られるようになっていくのは、まさにこの二十世紀の初頭からなのである。計画的な、あるいは管理された資本主義が理想とされたのであり、慈善家たちもまた、慈善的投資の対象を選定するために、職業的専門家たちをマネージャーとして雇用するようになっていった。★☆☆

慈善事業においても、「効率的な寄付（efficient giving）」という考え方が関心を集めた。この時代の主要な慈善家たちは、ハリマン、カーネギー、ロックフェラーなどであったが、かれらはみな十九世紀後半の大きな資本主義企業の出身者であった。従って、彼らの主たる関心は、いかにすれば社会に経済的、社会的安定をもたらすことができるかということにあった。

科学的調査とそれに基づいた研究や社会計画こそが必要な解決策と認識された。「効率的な寄付」とは、より効率的な人物に貢献すべしという発想であり、そんな彼らの目に留まったのが、効率性、合理的計画、専門的知識を掲げた優生学だったのである。人間の進化そのものを計画するというこの科学を支持することで、慈善家たちは経済的社会的問題に秩序をもたらすことを期待したのであった。☆★☆

★☆☆ Garland E. Allen, op.cit., pp.256-7; Christina Cogdell, "*Smooth Flow: Biological Efficiency and Streamline Design*", op.cit., p.220

☆★☆ Ibid., pp.234-5, 260-1, 264

4.8. 国家の便秘と流線型 そして『タイム・マシン』

「効率性」はまさに時代の合い言葉であった。優生学者、健康改革を目指す社会改革者たちが抱いた理想は、同時にデザイナーたちにも共有された。

まずは、次のページの図版を見ていただきたい。これは、デザイナーのジョージ・ペティ（George Petty）の手になる「ペティ・ガール（Petty Girl）」と呼ばれるイラストである。一九三〇年代から四〇年代にかけて流行したいわゆるピンナップであるが、このスタイルを、たとえば一昔前の「ギブソン・ガール（Gibson Girl）」と比べたとき、もっとも特徴的なことは何であろうか？

それは単純な線描と、切り詰めた流線型の身体像ということではないだろうか。そして、実のところ大恐慌以後の一九三〇年代のアメリカで大流行したプロダクトデザインの様式がこの流線型だったのである。自動車からアイロンまで、あら

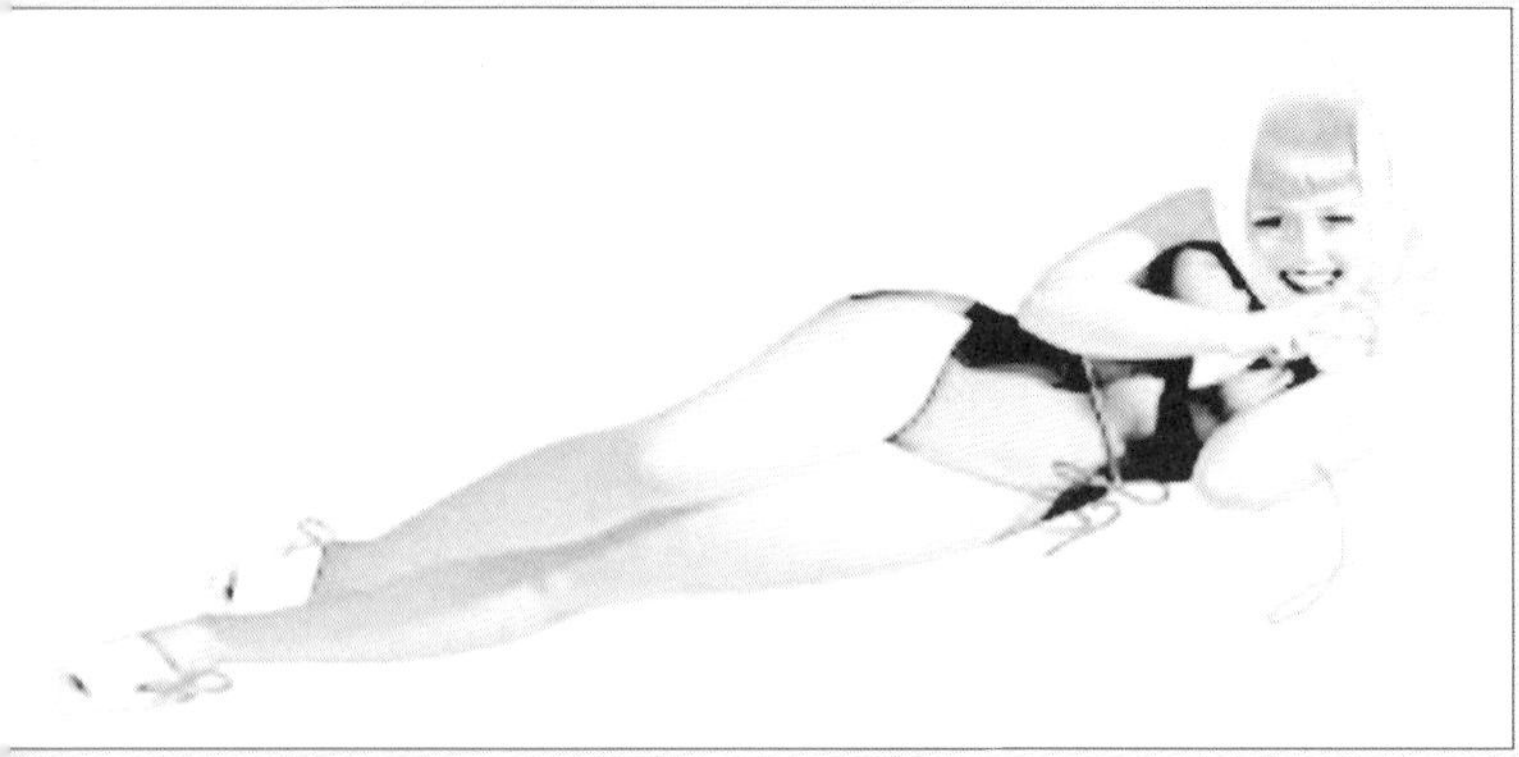

ペティ・ガール

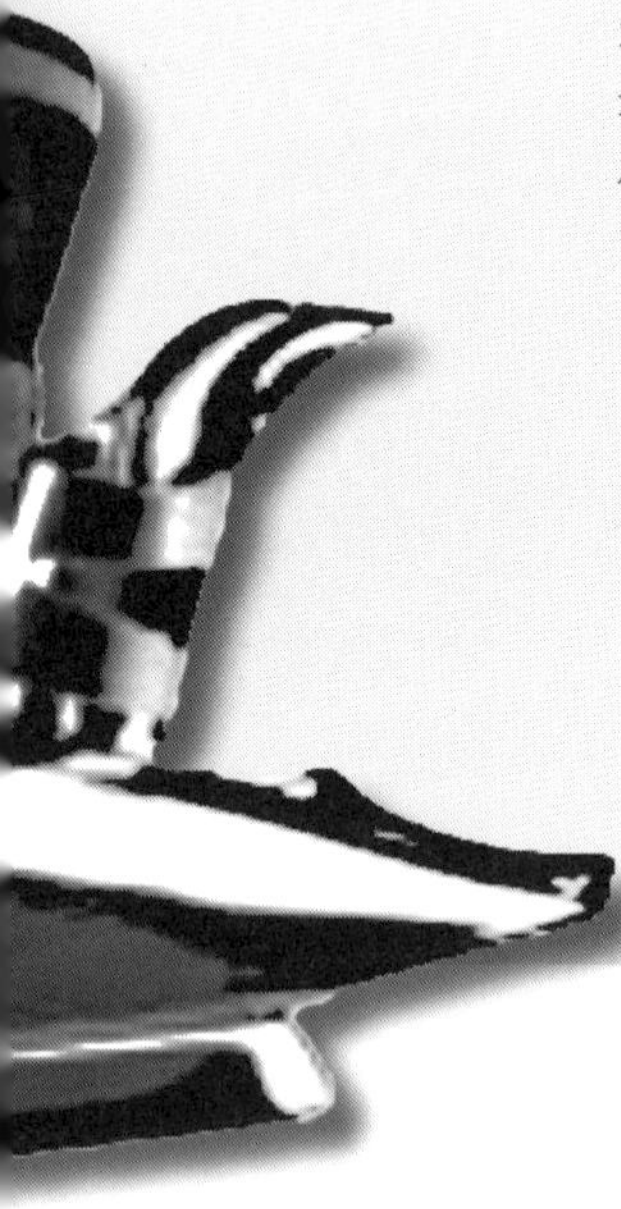

ギブソン・ガール

流線型
：流線型の起源は、すべてのものを幾何学的形態に還元しようとした、キュビスムにあるとされている。そのキュビスムから派生したアールデコから、さらに派生したのが流線型デザインであった。イルカや魚の滑らかで流体的な動きを、幾何学化しようとしたものだったともいえる。

ゆるものが流線型でデザインされた時代だったのである。

流線型が女性から自動車、直腸までデザインしようとした

では、この流線型が象徴したものは何だったのだろうか？

ジョン・ハーヴェイ・ケロッグ（John Harvey Kellogg）といえば、今日ではシリアルの発明者として知られているが、実のところケロッグは、シリアルを直腸の「効率性」のために考案したのである。

その著書『朝食の旅路（*The Itinerary of a Breakfast*）』において、ケロッグは内臓の効率性の象徴として「栄養の地下鉄」と呼ばれる流線型の列車を登場させている。時刻表通りに正確かつスムースな運行が行われる列車を効率性の代表としたわけである。二十世紀初頭のこの時期において、便秘への関心がいかに高かったかが窺われるエピソードである★★★。

実際、一九一〇年以降、アメリカ人は直腸の効率性を追求するようになった。大量のケロッグのシリアル、クエーカーオーツ、下剤、寒天とパラフィン、オリーブ油、イーストなどを積極的に摂取するようになったのである[★★☆]。

ケロッグは便秘の原因を「文明化された直腸」に求めた。それは、「哀れな障《しょう》碍《がい》者であり、傷つけられた、できそこないの……病気に感染した、麻痺した、無能な」直腸であると形容された。これらの形容詞は、当時優生学者によって「不適応者」に用いられた表現であった[★☆★]。

ジョン・ハーヴェイ・ケロッグ（1852-1943）：ケロッグの思想的バックボーンは、菜食主義のセブンスデー・アドヴェンチスト教会にある。実のところ、ダイジェスティブ・クッキーや大豆による代用肉の開発も、すべて宗教的信条に発する菜食主義の産物であった。ケロッグの健康道場を面白く描いた映画に『ケロッグ博士』(1994) がある。

★★★ Christina Cogdell, "*Smooth Flow: Biological Efficiency and Streamline Design*", op.cit., p.220
★★☆ Ibid., p.222
★☆★ Ibid., p.224

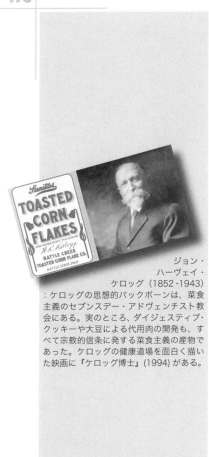

H・G・ウェルズ『タイム・マシン』は時代の関心としての退化の恐怖を描いた

こうした表現が出てくる背景には、文明化された人間は進化から切り離されているという考え方があった。これを強烈に押し進めたのが、イギリスの作家H・G・ウェルズ（Herbert George Wells）の作品『タイム・マシン（*The Time Machine*）』（一八九五年）であることはつとに知られているところだろう。

アメリカの優生学が、主として移民の血の混入による種の劣化を問題視したのに対し、イギリスの優生学はこれを階級闘争の視点でとらえる傾向があった。ウェルズはバーナード・ショーらとともに、法制化を通して社会を改革することを目指したフェビアン協会の会員であり、熱烈な優生学の支持者であった。十九世紀末のイギリスには、ダーウィンの進化理論と、スペンサーの「適者生存」の概念を結びつけた考え方があった。

それによると、文明化や社会の制度改革は暮らしやすい社会を作り出した。そ

H・G・ウェルズ（1866-1946）：科学的思考が身についていたウェルズは、『タイム・マシン』を執筆する前に、『人間の絶滅』というエッセイにおいて、地球の支配者が今後も常に人間であり続ける保証はどこにもないとし、新しい支配者の例として巨大化して水陸両用となった蟹や、同じく陸上に上がった軟体動物などを挙げている。それは奇しくも『タイム・マシン』に描かれた未来像と一致している。

のような社会は、人間から、自然界においては存在していた生存のための苦労を奪い取ってしまった。その結果として、自然淘汰はもはや人間には働かなくなっており、人間の進化は止まってしまった、という結論が導き出されたのである。安寧は弱体化を伴うという主張であり、適者生存がもはや実現されなくなってきているという認識である☆★★。

ウェルズの未来観に影響を与えたとされるのは、ジュリアン・ハクスリー（Sir Julian Sprell Huxley）の進化の逆行（退化的変容）と滅亡についての一八九二年の講義であるとされている。ある種の環境は不可避的に種を弱らせるという考え方と、獲得形質が子孫に継承されるというラマルクの理論が一致し、文明化、産業化、近代化が、優れた種の弱体化をもたらすという結論につながったのである。

弱体化するのは上流階級だけではなく、貧民も同様とされた。一八八〇年代から九〇年代までチャールズ・ブース（Charles Booth）によって行われたロンドンの貧民の健康、生活状態の調査結果がその劣悪さを明らかにし、他方では階級ごとの出生率の違いを示した研究が「人種の自殺」という恐怖を生み出しもした★☆☆。ブースは社会改革運動家にして社会調査の専門家でもあった。

『タイム・マシン』はまさに、このような社会背景のもとで生み出された作品であり、文明化のせいで、上流階級はただ優雅なだけの、非力な子供のように軟弱なエロイという存在となり果て、地下へと追放された労働者階級は人間の姿を逸脱した怪物モーロックへと、いずれもが退化しているという未来像が描き出される。

さらに、恐ろしいことには、このかつての被支配層であったモーロックは、支配層であったエロイをさらっては食らっているとされる。上流階級の読者にとっては、抑圧的な階級システムを維持していることへの報復が未来において訪れる、という恐怖をもたらすに十分な描写がそこにはなされていたのであった☆★☆。

一九一二年にアメリカ優生学協会の会長演説で、当時会長を務めていたアーヴィング・フィッシャーは「もし実際に、すべての人種が、ウェルズがイメージしたように、なんらかの退化した動物の餌食になるほどには沈まないとしても、ノルマン系種族は消えるか、支配力を失うことだろう」と述べた。フィッシャーは、ウェルズの階級的な問題を、移民の脅威に置き換えて話したのではあるが、ウェルズの『タイム・マシン』が、時代の関心としての退化の恐怖を描いたものとして受け止められていたことを窺うには十分だろう☆☆★。

生涯科学の可能性を信じたウェルズの主張は、選択的育種をすべしというところにあった。すなわち、動植物ではより良い桃、種なしの葡萄、美しく大きな花、

☆★★ Jenny Jopson, “*The Language of Degeneration: Eugenic Ideas in the “Time Machine” by H. G. Wells and “Man and Superman” by George Bernard Shaw*”, Galton Institute, Newsletter, No.51, p.3; Angela M. Smith, *Hideous Progeny: Disability, Eugenics, and Classic Horror Cinema*, p.7

★☆☆ Ibid., pp.2, 6

☆★☆ Ibid., p.15

☆☆★ Ibid., pp.11-2

使い勝手のよい牛の品種などへの改良が、選択的育種によって行われている。この手法を人間にも当てはめて、優れた人間の選択的育種を行うことが『タイム・マシン』のような退化した未来を避けるためには必要だという主張である。現在行われているような、選択的圧力を取り除く社会改良は百害あって一理なしというわけである。

その隠喩として繰り返し作品内に登場するのが、より望ましい性質を求めて人工的に改良された白く美しい花の描写である。これはすなわち、劣等種を排し、優良種を選択的に結合させるべしとする優生学の発想そのものではないだろうか。ウェルズの立場はネガティブな優生学であり、そのためには有害な遺伝子を持つ人間は排除すべしというものであった[☆☆☆]。

便秘は国家的な退化の危機の象徴としてとらえられた

自然から遠ざかり、その結果として進化から遠ざかり、退化の危機に瀕している人間。そのイメージが集約されたものが便秘だったとは、なかなか興味深い事実である。イギリスの医師エッティ・ホミブルック（Etti Hornibrook）は、一九三二年に便秘が「文明化された」女性の性欲を阻害すると述べた。つまり、便秘は優生学的出生を減少させると説いたのである。★★★

いずれにせよ、この時期、便秘は単なる健康の問題としてではなく、国家的な退化の危機の象徴として捉えられていたわけである。それゆえ、「国家の効率性」を回復するためには、スムースな「流れ」を回復する必要があった。

すでに見たように、優生学は「効率性」「合理性」を重視する時代の科学であった。そして、身体的な効率性（便秘の解消）、国家的な効率性（移民の排除）が緊喫の問題であった頃に、流線型デザインは始まったのである。

デザイン史的には、アール・デコはキュビスムからの派生物であり、流線型デザインはアール・デコからの派生物であったといわれている。イルカ、魚、鳥のような動物の滑らかで流体的な動きを、幾何学的形態として捉えようとしたものであるとされている。★★☆それは、空気力学的な「滑らかさ」「スムースな流れ」そして、「速度」を表現しようという試みだったといえるだろう。

☆☆☆ Jenny Jopson, op.cit., p.16
★★★ Christina Cogdell, op.cit., p.224
★★☆ Eleni Lipsos, op.cit., p.101

流線型デザイナーたちは、身体的プロセス、特に健康・フィットネス・便秘に強い関心を抱いた。産業デザインによるプロダクトデザインの改革宣言となった「口紅から機関車までデザインし直そう」のキャッチフレーズで有名なレイモンド・ローウィー（Raymond Loewy）やウォルター・ドーウィン（Walter Dorwin）といったデザイナーたちは、重い食事をしないで健康を保つということを心がけていたといわれている。

同じくデザイナーのヘンリー・ドレイファス（Henry Dreyfuss）は、デザイナーの役目は消化を妨げるものを軽減することだと考えて、スロープをなすトイレをデザインした。これはケロッグの『朝食の旅路』の内容に対応したもので、「衛生的に正しい姿勢」を促す便器というコンセプトであった。

一九三七年のペトロラガー・ラボラトリー社の下

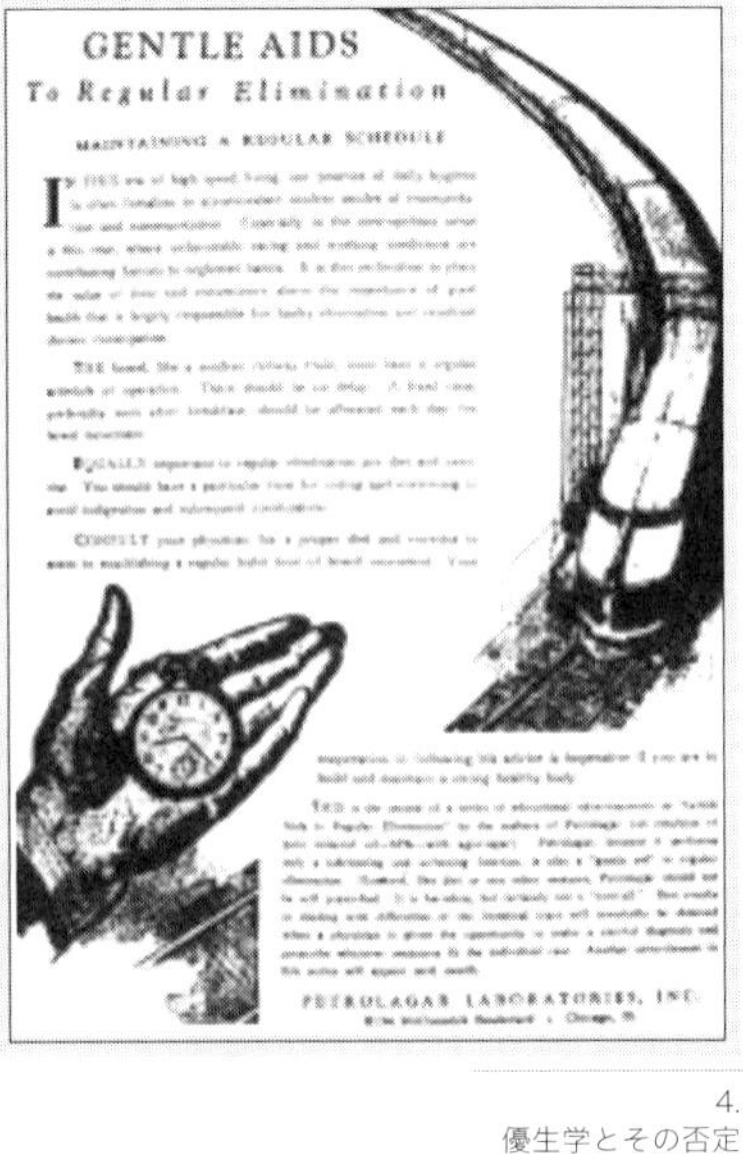

国家の便秘
：デザイナーのエグモント・アレンズはトイレ渋滞（bathroom bottleneck）を防ぐために家のなかに2つのトイレを併置することを提案し、1935年には国家の「情報便秘」を癒すための高速道路システムを提言した。

剤の広告には、流線型の列車のイメージが使われていた。迅速で規則的な列車が、現代都会人の理想的な内臓機能のモデルとして使われていた。こうした流れを受けてデザイン史家のエレン・ラプトン（Ellen Luoton）とJ・アボット・ミラー（J. Abbot Miller）は、流線型を「排泄の美学」であると解釈した。★☆★

実際、優生学の支持者であったケロッグは、規則正しい消化機能を移民局の役人にたとえている。つまり、移民を調べ、国家の血を汚染する可能性のある者であれば排除する移民局の役人が機能してこそ、国家の正しいホメオスタシスが維持されるというわけである。ここでは、移民が国家の老廃物として表象されていることになる。☆★★

速度を体現したグレイハウンドが時代の寵児となった

「寄生的邪魔者」が引き起こす有害な作用を排除し、滑らかな流れが回復された

★☆★ Christina Cogdell, op.cit., p.218, 224-5, 230-1
☆★★ Ibid., op.cit., p.224

サラブレッド
：英語で書くと thoroughbred である。つまり thorough（完璧に）、bred（生み出された）馬ということになる。優生学が目指していた目標をすでに達成した動物だったということになるだろう。

ら、何が起こるだろうか。それはスムースなだけではなく、速い流れとなるだろう。実際、一九二〇年代後半から三〇年代は、速度の時代でもあった。カーレース、列車、馬、犬などの最速記録が国民を魅了し、一九二七年には優生学の支持者であったリンドバーグによる大西洋横断飛行も成功した。

タバコ会社のチェスターフィールドは、販促のためにサラブレッドを広告の主題とした。サラブレッドは、優生学記録所の所長であったローリンが「速い馬の選択的育種によってより速い子孫を生み出してきた」と、優生学的人為選択の最良の結果として称揚した動物であった。優生学が、速度、そしてスムースな流れを体現した動物

グレイハウンド
：サラブレッド同様「より速く走る」という目的のために交配を重ねて生み出された犬種である。長い四肢と、アーチ状にしなる背中を伸び縮みさせて、いっきに加速することができる。速度と効率性の隠喩として最適の動物のひとつであることは間違いない。

を生み出したというわけである。産児制限で有名なマーガレット・サンガーの産児制限協会のキャッチフレーズが「サラブレッドの人類を生み出すために」だったことも、もう一度思い出しておこう。★☆☆

同じく速度を体現した動物であるグレイハウンドもまた時代の寵児となった。彫刻家、デザイナー、広告業者らが進化的加速、流線型の洗練、よき育種の象徴としてグレイハウンドを用いたのである。社名をグレイハウンド・バスとした長距離バスの会社は、一九三〇年代にローウィーにロゴのデザインを依頼した。これに応じてローウィーが作り出したのは、重量と筋肉を減らして流線型化したグレイハウンドの姿であった。☆★☆

★☆☆ Christina Cogdell, op.cit., pp.226, 238, 240
☆★☆ Ibid., pp.238-9

デザイナーの中には速度、知性、進歩、障害物の軽減を、進化論的前進と結びつけようとする者もあった。たとえば、エグモント・アレンズ（Egmont Arens）は「流線型の思考」という提案をした。短時間で大量のアイデアを吸収するために、アイデアの移動速度を速めるという発想である。たとえば、『タイム』誌と『ライフ』誌の編集者であったヘンリー・ルース（Henry Luce）は、ドレイファスに『ライフ』誌のレイアウトを流線型化して欲しいと依頼した。読みやすさ、流れるような読書というのがその背後にあった発想であった。☆☆★ モノだけではなく、読書や思考の速度まで、あらゆる物事が流線形化することで解決するとでもいわんばかりである。

☆☆★ Christina Cogdell, op.cit., pp.233, 236

4.9. 流線型の女たち

優生学、国家の効率性、健康と結びつけられた流線型イメージは、思わぬところにまで波及することになる。十九世紀末から二十世紀の初頭まで理想の女性像を具現化したのは、チャールズ・ダナ・ギブソン（Charles Dana Gibson）が描いた「ギブソン・ガール」と呼ばれる、優雅で高貴な雰囲気の、北欧系の女性像であった。S字カーブをなす体型は、コルセットによって体型を補正された結果作り出されたものだった。

これは、大量移民の時代、階級願望のただ中で生まれたブルジョワ的な白人のイメージであり、他の人種は白人種から「退化」したものであるというこの時代に生まれた発想と対をなすものだった。つまり、中央ヨーロッパや東欧からの移民などと、彼女が体現する「美」との差異は一目瞭然だったのである。★★★

★★★ Eleni Lipsos, op.cit., p.96

他方で、二十世紀初頭においては、まだヴィクトリア朝的なフリークショーや、娼婦やストリッパーなどの画像が出回っていた。けれども、優生学が台頭し、人間の「美」や「質」が陳列されるようになると、人々の人間の形に対する心理的反応に変化が生じてきた。

芸術学者のフェイ・ブロウアー（Fae Brauer）によれば、「映像、特に大量生産されたヌードの映像は、印刷された言葉よりずっと侵犯的であると見なされた。同意のないままに見る者の視線を誘い出すことによって、人々の品格に対して最大の危険をもたらす」と考えられた。★★☆

このような有害なヌードに対し、優生学は、健康で、衛生的であり、生殖に「もっとも」適した身体像を打ち出した。理想としてはミロのビーナスのようなそれであった。男性は筋肉質で精力にあふれ、女性は上向きの乳房と、（ギブソンガールのようなコルセットによる矯正の結果ではない）自然なS字カーブの身体を持つのが良いとされた。啓蒙のために優生学の雑誌に載せられた理想的なヌード写真からは、エロチックな小道具やアクセサリーが排され、合理的生殖という原理が強調された。

一九二〇年代には美女コンテストにすら優生学的な基準が持ち込まれた。ネオ

★★☆ Eleni Lipsos, op.cit., p.98

ジーン・ハーロウのサテンドレス

ラマルキアニズム的な理想の美、ピューリタン的な性がそこでは陳列されたのであり、身体とそれに対する測定値とが陳列されたのであった。★☆★

優生学的に理想的な形態としての流線型が**女性身体の表象**にまで及んだ

そして、優生学的に理想的な形態としての流線型が、女性身体の表象にまで入り込んでくることになる。たとえば、女優のジーン・ハーロウ（Jean Harlow）がデザインした縫い目のないサテンドレスがある。これは、流線型が衣服に応用され、視覚的メディアを通して大衆化された例であるとされている。あるいは、滑らかなドレス、先の細くなったスーツ、釣り鐘型の帽子などをあしらった広告が、女性たちに「あなたたちの身体は流線型になるべきだ」と告げたのである。

そんな美学に呼応するように、一九二二年にニューヨークに設立されたザ・メイドゥン・フォーム・グラシエ社（The Maiden Form Graciere Company）がいわゆる

流線型ファッション
：streamline fashion 1930s copyfree で出てきたページの URL:
https://jp.pinterest.com/pin/442619469597080635/

★☆★ Eleni Lipsos, op.cit., pp.98-100

補正下着を売り出して、この女性身体像の造形に寄与することになった。胸の平らなフラッパーファッションに対抗するかたちで、ブラジャーやガードルのような下着、さらには身体をあらかじめ造形されたかたちに押し込めて閉じるジッパーが、女性の身体を滑らかな流線型の表面へと塑形したのであった。☆★★

レイモンド・ローウィーは、自分がデザインした機械と、一九四〇年代のピンナップにおけるベティ・グレイブル（Betty Grable）の身体を類比させて見せた。ピンナップの女性が、機能とは無関係に身体のみかけを美化したように、自分は機械の働きを流線型の表面のなかに隠そうとしたというわけである。★☆☆

ここで言及されている流線型化された女性イメージこそが、先に見たベティ・ガールのピ

流線型の女性
：母乳で子どもをはぐくむ乳房はかつて母性の象徴とされていたが、ヴィクトリア朝時代に哺乳瓶やミルクのレシピが開発されたことで、母性の象徴としての役目が失われた。女性身体が機能的に望ましいものから、補正下着などによる工学的な美学の達成の媒体へと移行する契機は、ここにあったともいえる。

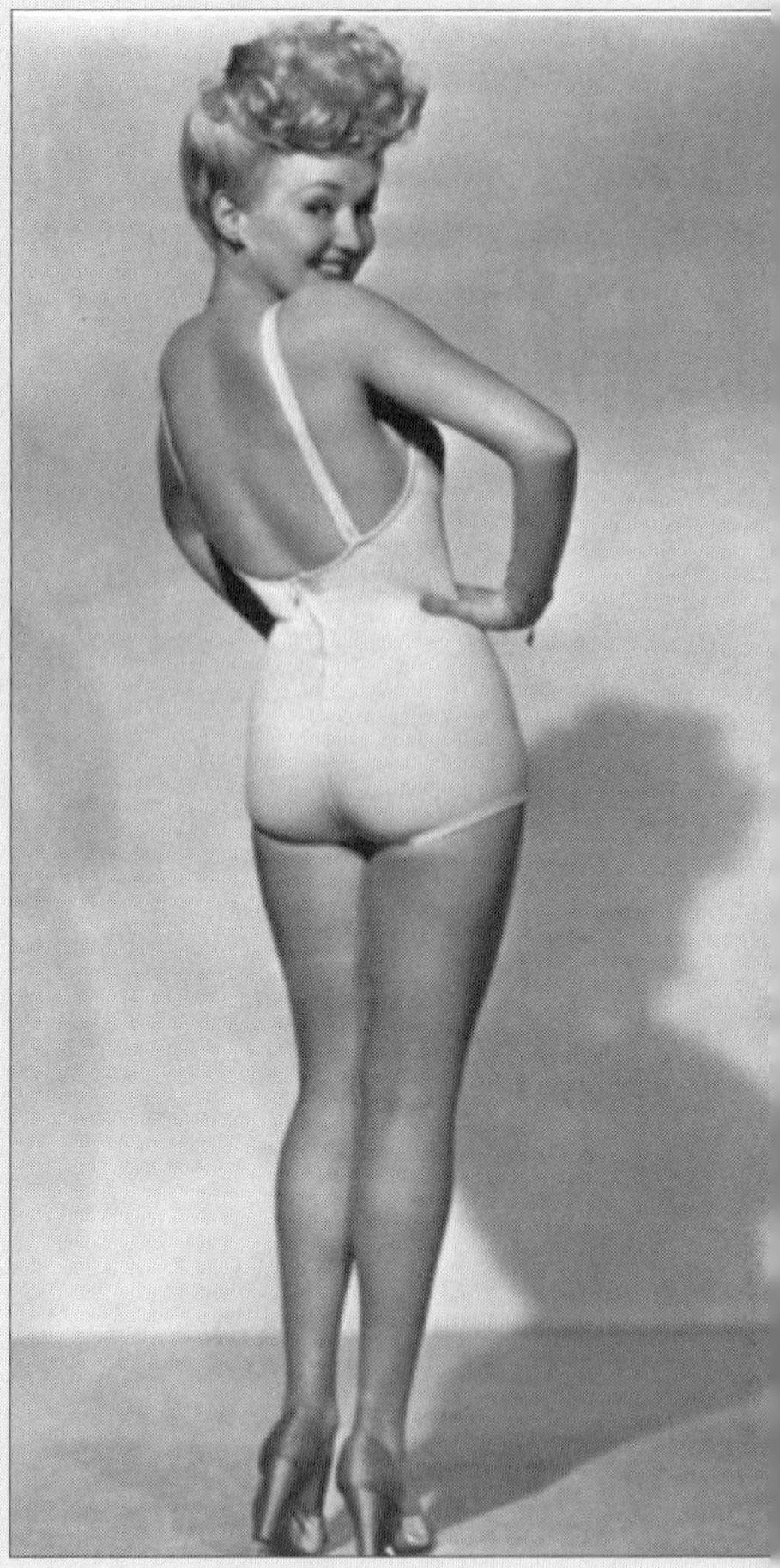

☆★★ Eleni Lipsos, op.cit., pp.105-6
★☆☆ Ibid., p.106

ンナップだったのである。一九三〇年代から四〇年代にかけて流行したペティ・ガールは、ジョージ・ペティが十歳の娘マージョリー（Marjorie）をモデルとして描き始めたものであったが、思春期前の少女の「男の子のように痩せたからだ」が時代の流線型の理想像に適合した。また、その後思春期が娘の体にもたらした柔らかな曲線が、時代の優雅さを表現することにもなった。☆★☆

主体を制御し、効率を重視するという優生学と流線型デザインの共通点が、流れるような単純な線によって、ジッパーで封印されるように閉じこめられた流線型の女性身体像を生み出したのであった。☆☆★

☆★☆ Eleni Lipsos, op.cit., p.108
☆☆★ Ibid., p.100

4.10. 野蛮さの回復

ピンナップは、第一次世界大戦後に現れてきたものであり、当時の現代美術の動き、性に対する精神分析的な理解、優生学、輸送産業の成長、ハリウッド的映像の普及、流線型デザインの傾向などから影響を受けて誕生した。その背景には、十九世紀のポルノグラフィー、発達した写真術や印刷術、女優やバーレスクなどを通して女性が公共の場で「見える」ようになったことなどがあるといわれている。そして、ピンナップの効用として、これらの性化された女性像には「賦活的」な力があるのだということがいわれた★★★。

重要なのはこの「賦活的」という要素である。すでに見たように、俗流ダーウィニズムは、産業化、都市化、資本主義化による「退化」の危機を説いていた。生活の安定と安寧が、自然界では機能していた自然選択の機能を無効化してしま

★★★ Ibid, pp.13-5, 73

い、人間は進化から取り残され、むしろ退化してしまう危険があるというものである。そのような危惧を極端なかたちで描写したのがウェルズの未来像であったし、ケロッグの便秘の問題も同様の危機意識に根ざすものであった。『フランケンシュタイン』におけるヘンリーの神経衰弱もまさにこの文明病の典型例だということができる。

草創期の心理学者であったG・スタンリー・ホール（G. Stanley Hall）は、文明化されたアメリカの男性はエネルギーが限定されてしまっており、女性化、非男性化する傾向にあると説いた。そして、この状況から脱却するためには、学校のカリキュラムに野性的欲望や、感情、衝動、本能、情熱を取り入れねばならないと述べた。暴力的な物語を取り入れることをすら奨励したのであった[★★☆]。「自然淘汰」「適者生存」が復興されねばならなかった。ジェンダー史の研究者であるE・アンソニー・ロタンド（E. Anthony Rotundo）の『アメリカの男性性（*American Manhood*）』によれば、アメリカ史のなかにおける中産階級の白人男性には三つの時代があった。十八世紀のニューイングランドなどでの入植地では、家族や共同体のために行動する共同体的男性性が理想とされた。十八世紀の後半から十九世紀の初めにかけては、経済的、政治的な職業的達成を目指すセルフメイドな男性性が理想であった。そして、十九世紀半ば以降は、攻撃性、野心、自己主張、競争心や戦闘性を有し、自己表現や自己実現をめざす情熱的な男性の時代になったというのである。★☆★

文明化された男性性を原始的男性性に置き換えることが白人中産階級の男性の急務だった

そして、この情熱的な男性の時代は、優生学の時代とぴったり重なっている。たとえば、優生学の奨励者であったセオドア・ルーズヴェルト大統領は、アメリカの男性は、「精力的な生活」をするべきだと、競争的スポーツの利益を説いた。彼はまた、山登り、魚釣り、ボート、射撃なども奨励した。自然の征服が男性性を獲得するための試練であると見なしたからである。このような時代だったからこそ、野球やフェンシング、フットボール、ゴルフなどが、競争的スポーツとして盛んになったのである。

★★☆ Sunder Katherine William, op.cit., p,68
★☆★ Ibid., pp.54-7

セオドア・ルーズベルト（1858-1919）：きわめて男性的な「カウボーイ」的スタンスをとった大統領であった。狩猟や登山や探検を好み、ボーイスカウト運動を奨励し、アマゾンの探検にも挑戦した。「人食い魚ピラニア」のイメージが人口に膾炙したのは、この時の彼の手記に端を発することであった。

そして、その競争的スポーツの頂点ともいえるのがボクシングであった。ボクシングが二十世紀のはじめにアメリカで社会的に容認された背景には、このような男性性の危機の意識もあったのである。文明化された男性性を原始的男性性に置き換えることが白人中産階級の男性の急務であったのであり、選ばれた「適者」が「生存競争」に自らの力で勝利するボクシングは、まさにそのイメージにうってつけのものだったわけである。

そのボクシングの頂点に黒人のジャック・ジョンソンが居座ったことは、いかにも皮肉なことではあったけれども。☆★★

☆★★ Sunder Katherine William, op.cit., pp.62-3, 66

4.11. 逆転願望

けれども、前述の内容を逆に捉えてみると、文明化された社会において個人がいかに無力化してしまったのかが逆に浮き彫りになるのではないだろうか。かつてのアメリカには、自分で未開の地を開拓し、自分で食料を生産し、自分で敵と対峙した入植の時代やフロンティアの時代があった。けれども、産業化された現代社会では、人間は組織の中の歯車となり、数字となり、意志決定の力も、生産手段も持つことができない。せいぜい、スポーツを通して自己の内なる原始性を確認するくらいしか、自己を活性化するすべがなくなってしまっているのである。

合理性と効率性が支配する科学技術社会、あらゆる国からの移民で構成される多民族社会、そんな自己が埋没してしまうような環境から抜け出す英雄イメージを、白人社会は当初ジャック・ジョンソンにではなく、チャールズ・リンドバーグやベイブ・ルースのような英雄に求めようとした。けれども、たとえば大恐慌のような巨大な危機を前にしたとき、実在の人間の英雄はあまりにも無力であると気づかざるをえなかった。

どこかに、優生学的な理想像、効率性と合理性を体現した英雄、若く、身体的活力に満ち、倫理的に正しく、科学技術社会にも人種の坩堝《るつぼ》にも呑まれることのない白い英雄が出現せねばならなかった。それが、一九三八年に誕生した十セントで購入可能な英雄となったのではなかっただろうか？

スーパーマンの第一話において、彼の力は「八マイルを飛び越え……極度に重いものを持ち上げ……流線型の列車よりも速く走り……破裂した砲弾もその皮膚を貫くことはできない」と表現されていた。その後まもなく彼は空を飛び、太陽の核で休憩をとったりできるほどにまでその能力を飛躍させていくわけだが、最初の時点ですでにどんな人間にも実現不可能な力を所有していることが示されている。

この時代の概念にあわせて考えてみると、それらはいずれもきわめて効率的かつ合理的な能力である。しかも都会の高層ビルをいともたやすく飛び越え、効率や合理性や速度を体現した流線型の列車よりも速く、さらにはその列車を持ち上げることすらできるということは、都会化や産業化、そしてなによりもテクノロジーの力を軽く凌駕できる「白人」だということになる。

ジョージ・バーナード・ショーは、その作品『人と超人』において、主要登場人物である革命家ジョン・タナーに「臆病ゆえに、われわれは慈善を装って自然淘汰を打ち負かしており、怠け者ゆえに、繊細さと道徳を装って人為選択を無視している」と語らせている。平等主義の社会改革が人間を弱体化しているというのである。ショーペンハウアーの「存在への意志」を独自に解釈した「生命の力

ジョージ・バーナード・ショー（1856 -1950）：ショーのポジティブな優生学は、階級の差すら越えてよりよい繁殖を可能にしようというラディカルなものであった。その背景には、自らの出自が従来の階級的な優生学では淘汰される側のスコットランド系であったことがある。

★★★ Jeffrey S. Lang & Patrick Trimble, “*Whatever Happened to the Man of Tomorrow? An Examination of the American Monomyth and the Comic Book Superhero*”, The Journal of Popular Culture, Volume 22, Issue 3, p.1

アルトゥール・ショーペンハウアー（1788-1860）
：意志こそが宇宙の根源的現実であると考えた。意志はわれわれとは別個に独立して存在する力であり、行為を通してその存在を直接的に知ることができるとした。彼にいわせれば、愛もまたわれわれを屈せさせるそのような意志の力なのだということになる。

(Life Force)」という概念と、ニーチェの超人の概念を独自に取り入れて、ショーは、平等主義ではなく、人為選択による超人の創出を国家的なプロジェクトとして行うべきだという主張をした。ウェルズ同様にショーもフェビアン協会の会員であったが、劣性遺伝子を排除するというウェルズのネガティブな優生学に対し、人為選択によって超人を創出するべきであり、そのための最適な生殖に対する社会的制限を撤廃すべきだ、というポジティブな優生学の立場をとっていた。★★☆

ネガティブな要素をすべて背負わされた黒人の英雄ジャック・ジョンソンが、

究極的なイメージとしては巨大で凶暴なゴリラへと膨らんでいったのに対し、白人種の理想をすべて体現した架空の人物は、優生学的な理想と、アメリカの理想のすべてを吸収して、スーパーマンとして顕現することになったわけである。

優生学的な理想とアメリカの理想がスーパーマンとして顕現した

ポピュラー・カルチャーを研究しているジェフリー・S・ラング（Jeffrey S. Lang）とパトリック・トリンブル（Patrick Trimble）は、スーパーマンは二十世紀のほかのどんなキャラクターよりも、アメリカ人の信条、文学的慣習、文化的伝統のパターンを編み込んだ神話的地位を達成したという。それは同時に、ユダヤ・キリスト教的理想を世俗化した存在でもあったからである。アメリカの貴種流離譚は、他者のためにみずからを犠牲にする無私の精神と、悪を滅ぼす十字軍兵士とを結びつけることによって、ユダヤ・キリスト教的な理想を世俗化したの

★★☆ Jenny Jopson, op.cit., pp.17-8, 31

である。

たとえば、スーパーマンのケープについて考えてみよう。一九三八年のアクションコミック登場時にすでに彼はこのケープをまとっていた。先に見たその起源譚では、これはグリフィスの映画『國民の創生』をその直接のイメージ源としていると指摘したわけだが、スーパーマンが羽織ることによってそれは、天使の羽となる。なぜなら、スーパーマンの本当の名前、ヘブライ語で「カル・エル(Kal-el)」の「エル(el)」は、「神の」という意味をもつからである。イシュマエル、ダニエル、エゼキエル、サミュエルのエルがこれに当たる。

また、「カル(kal)」は、「軽さ」「速さ」を意味し、あるいは「ハル(Hal)」の変化系であるとすれば「すべて」という意味を担うことにもなる。

とすれば、スーパーマンは「軽く、速い神の使い」であり、「神的なすべてのもの」ということになる。絶えず見守り、貞潔で、ユダヤ・キリスト教的な真実や正義や倫理を守るために天からやってきた移民だということになるのである。当然、「軽さ」「速さ」の部分は、優生学や流線型の求めた理想とも一致する。

スーパーマンが空を飛ぶ能力についてはどうだろうか。飛行機というテクノロジーを軽く凌駕するその速度が、テクノロジーに負けない力を象徴しているだけではなく、その信じられないほどの速度は「遍在性」につながりもする。つまり、いつでも、どこでもスーパーマンは見捨てることがなく、何かがあればたちどころに駆けつけてくれるということをそれは意味している。それは、移民国家が必然的に持たざるを得ない、置き去りにされることへの不安を慰撫してくれる能力なのである。常に利用可能ということは、ある意味で究極の効率性を体現しているということになるのではないだろうか。★☆☆

★☆★ Jeffrey S. Lang & Patrick Trimble, op.cit., p.158

☆★★ Gary Engle, "*What Makes Superman So Damned American?*", The Consientious Reader, Sunday, August 21, 2011, http://smhasty.blogspot.jp/2011/08/what-makes-superman-so-darned-american.html

★☆☆ Ibid.

4.12. 究極の移民

いま、スーパーマンは「天からの移民」であり、「移民国家」の不安を慰撫する存在であると述べた。そのことで想起されるのは、アメリカという国家が当初から移民の国であったということである。

そもそもの原住民であるネイティブ・アメリカンを除けば、最初のピルグリムファーザーズの到着時から、アメリカという国家は移民たちによって作り上げられてきた。次いで到着したのは、アフリカからの奴隷船ではなかっただろうか。やがて南部から北部へと延びた鉄道が、黒人の都市への移動を促し、十九世紀に二つの大洋を超えた蒸気船が、そして二十世紀の飛行機が、アメリカンドリームを夢見るさまざまな移民たちをこの国に運んだのであった。

それゆえ、渡米以前の社会的アイデンティティーから、新天地での新しい社会的アイデンティティーへの移行ということが、この国の社会意識の奥深くには埋め込まれているのである。そしてその結果、さまざまな移民の民族性が、アメリカ文化を言語的、芸術的、経済的、政治的、精神的に支えてきた。

しかしながら、移民体験を根っこに持つ国家の感覚の根底には、根無し草的な不安が常につきまとっている。「異邦人」から「同胞」への移行が、この国のほとんどの家系の根っこに存在するからである。★★★

ほとんど肌の色であるかのような原色のコスチュームに身を包んだスーパーマンは、黒人よりも、黄色人種よりも本来的には異邦人＝他者であることを告げている。けれども、たとえば二十世紀に東欧からやってきたユダヤ人たちが、アメリカの主流への同化のために、過去を捨て、社会経済的な地位を築くことで心理的安定を得たように、スーパーマンもまた、過去を捨て、アメリカ的価値を身につけることを選択する。それは、同じくユダヤ系の移民二世であった二人の原作者ジェリー・シーゲルとジョー・シャスター自身の体験とも重なるものだったのではないだろうか。★★☆

★★★ Gary Engle, op.cit.
★★☆ Ibid.

異邦人であり移民であることで逆にスーパーマンはアメリカの象徴たりえた

「農夫となった移民」がアメリカの礎を築いた。アメリカに移民してきた者たちは当初みな農業に従事したからである。そのことを再確認するかのように、スーパーマンは農夫としてカンザス州の田舎にある小さな街（スモールヴィル）で育ち、農夫である父親から伝統的で保守的なアメリカ的価値体系を伝授される。両親を殺人という悲劇で喪失したバットマンと違って、血のつながりはないにせよ、スーパーマンには両親が存在する。人生の出発点である赤子のときから孤児だったことで、スーパーマンは新しいアイデンティティーをたやすく手に入れることができたのだともいえる。やがて新聞記者として都会に出て行く彼の足取りもまた、多くのアメリカの移民たちの田舎から都市へという動きをなぞるものであるといえる。

つまり、異邦人であり、移民であることで逆にスーパーマンはアメリカの象徴

たりえたのであり、究極のアメリカたりえたのである。☆★★

さらにいえば、スーパーマンには二つのアイデンティティーがある。オルターエゴ、別人格であるケントの存在が、スーパーマンの超越力の暴走を制御する。スーパーマンの力に、小さな街の育ちからくる倫理的方向付けを与えるのである。謙虚で控えめで、目立たないケントは、アメリカへの完全な同化を意味する存在なのであり、その職業も常に外部の傍観者に徹する新聞記者として設定されている。

もっとも普通の、都市化、産業化、技術化の陰で見えない存在となっている人間（ケント）が、同時にそのすべてを凌駕し、効率性や合理性の理想を体現し、ユダヤ・キリスト教的な理想を象徴する超人（スーパーマン）でもあるというこの二重性こそ、スーパーマンを大恐慌後のアメリカ社会が夢見た変身願望を体現する存在に変えた最大の秘密だったのではないだろうか。★☆☆

★☆★ Gary Engle, op.cit.

☆★★ Lauren N. Karp, “*Truth, Justice and The American Way: What superman teaches us about the American Dream and Changing Values of the United States*”, A thesis submitted to Oregon State University in partial fulfilment of the requirements for the degree of Master of Arts, Presented June 4, 2009, pp.7, 22

★☆☆ Gary Engle, op.cit.; Jeffrey S. Lang & Patrick Trimble, op.cit., p.160

4.13. 最後のひとひねり

ここに、優生学とニーチェとがみごとに同居したわけだが、二人の作者は自らのアイデアを世に出すに当たって、みごとなひねりを加えたのであった。すなわち、スーパーマンを究極の、(おそらくはユダヤ系の)移民とすることで、名前は優生学やニーチェから拝借しながら、その過程で優生学の目的を破壊したということである。優生学的な超越者からニーチェ的な支配者の要素を取り除き、逆に民衆に奉仕する善意の奉仕者と定義し直すことで、スーパーマンの本来の出自を隠蔽したわけである。★★★

さらに興味深いのは、この二人の原作者が、『フィジカル・カルチャー(*Pysical Culture*)』という、労働者層を読者層として想定し、身体訓練を目的とした雑誌の寄稿者でもあったということであった。先に見た、文明化、都市化によって失われた生物としての野性を取り戻そうとする衝動のひとつの帰結が、この雑誌だったともいえるだろう。

文化研究者のアンドレア・デイル・ラパン（Andrea Dale Lapin）によれば、「適合性（fitness）」の概念は、優生学運動では、遺伝的血筋の結果として明らかに本質的かつ不変のものとされていた。これに対し『フィジカル・カルチャー』誌は、適合性（fitness）は、食事制限、鍛練そして、生活スタイルを通して獲得可能であり、購入可能であるという考え方の創始者となった。★★☆ つまり、エリート層が中心となって進めてきた、それまでアメリカの優生学的文脈では、「適合性」とはダーウィン的な遺伝要因による環境への適合あるいは不適合の尺度であると考えられていた。

これに対し、この雑誌はそれをみごとに逆転して、遺伝的要因は無関係であり、トレーニングと、食事制限を通して、誰もが身体を改造して社会に「適合」できる存在になれるのだと主張したのであった。

さらに興味深いのは、同時代に医学協会が出していた『ハイジア（*Hygeia*）』という雑誌との対照である。主として中産階級への啓蒙を目的としていたこの雑誌は、当然優生学的主張を行っていた。これに対し、主として労働者階級を読者層

★★★ Chris Gavaler, op.cit., p.200

★★☆ Andrea Dale Lapin, "*A Body of Text: Physical Culture and the Marketing of Mobility*", Submitted to the Graduate Faculty of The Kenneth P. Dietrich School of Arts and Sciences in partial fulfilment of the requirements for the degree of Doctor of Philosophy, 2013, Introduction, iv

バーナード・マクファッデン
:『フィジカル・カルチャー』誌の刊行者であったマクファッデンは、自身が当初虚弱児であったが、孤児として農家に養子に出され、そこでの農作業と健康的な食事によって理想的な身体を獲得したという経験から、「適合的な」身体は自ら作り出すことができるという哲学を得た。

『ハイジア』
:たとえばスラムの子供が小さいのは、遺伝と親の擁護がきちんと受けられないからだ、といったようなことが科学的視点と称するものを通して語られていた。残念ながら、売り上げは『フィジカル・カルチャー』の10分の1ほどだったらしい。

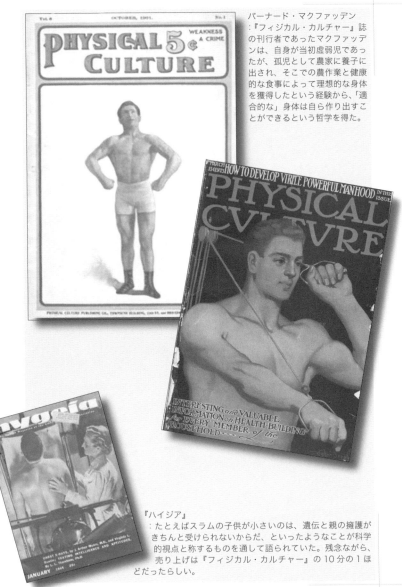

として想定していた（というより、この雑誌は労働者階級という新しい雑誌購入者の市場を開拓した雑誌としても重要であるわけだが）、『フィジカル・カルチャー』誌が、真っ向からこの優生学を否定したという事実である。

適合性＝フィットネスは商品となり、優生学的な決定論と一線を画した

『フィジカル・カルチャー』誌の世界観では、適合性（fitness）は遺伝的な受け継がれた特徴（でしかないわけ）ではなく、むしろほかの資産と同じように、獲得し、管理し、維持すべきものであった。それゆえ、適合性は入れ替えがきくものであり、本質的な特質ではなく商品なのであった。

この時点まで「適合性」はダーウィン的（より正確にはマルサス的）な生存や再生産のための固定した能力という意味合いを残していた。けれども『フィジカル・カルチャー』誌の登場以降、「適合性」の意味合いは一八〇度転換したとい

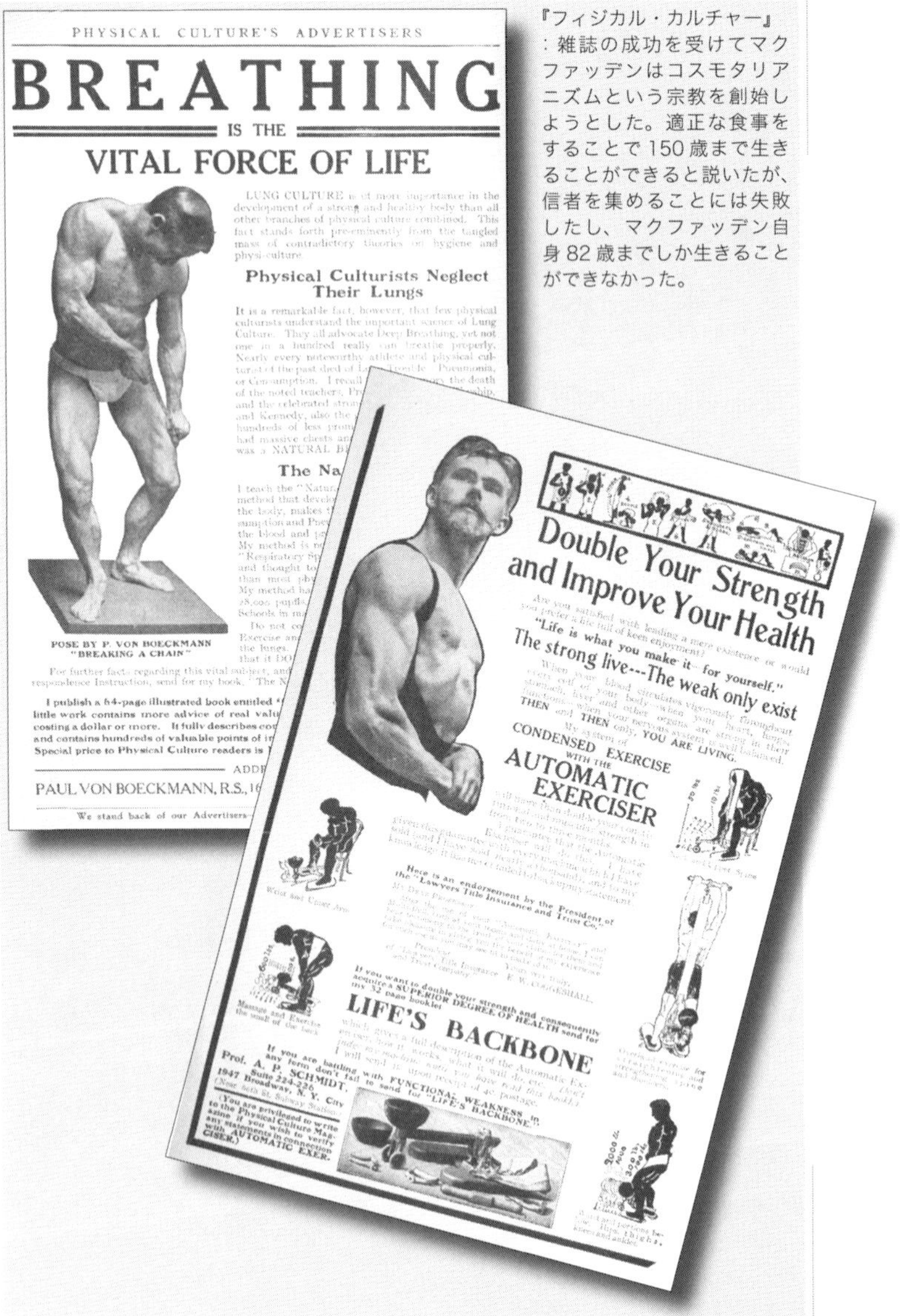

『フィジカル・カルチャー』：雑誌の成功を受けてマクファッデンはコスモタリアニズムという宗教を創始しようとした。適正な食事をすることで150歳まで生きることができると説いたが、信者を集めることには失敗したし、マクファッデン自身82歳までしか生きることができなかった。

える。生誕時に決定された固定した状態であるよりも、適合性は獲得したり失ったり、手に入れたり購入したりできる商品となったのだから。★☆★

そこには、「不適合」ゆえに社会階層が低いのだとされる当時の優生学的な決定論への、下の階級からのある意味での革命の意志を見て取ることもできるだろう。同時にこの雑誌が提出した「fitness」の概念こそ、金銭と引き換えに得られる商品としての「フィットネス」という概念の出発点であったことも見落としてはならないだろう。

スーパーマンは暗い起源を持ちながらも、その矛盾した存在の位相をねじり返した

いずれにせよ、その意味でも、最初のスーパーヒーローであったスーパーマンには、優生学的理想と同時に、その否定をも読み取ることが可能なのである。

このようにして、ＫＫＫから意匠を借りながらその内実を逆転し、自警から出

★☆★ Andrea Dale Lapin, op.cit., p.142

て自警主義の悪漢と戦い、優生学から出ながら、その優生学の極端な推進者であったナチスと戦うヒーローが生み出されたのである。

一見、単純な正義の味方と見えるこのヒーローは、だから、実際にはアメリカの根幹にある自警的暴力性、その最悪のかたちであるKKK、そして歪んだ人間観の最たるものである優生学などのあまりに暗い要素から構成されながら、その矛盾した存在の位相をみごとにねじり返し、そして隠蔽し、明るく頼もしいヒーローとして社会に対する「適合性《フィットネス》」を維持し、あるいは「適応《フィットイン》」をみごとになしとげつつ、日夜戦い続けているというわけである。

ぼくたちはスーパーヒーローたちの活躍に胸躍らせながらも、その存在の位相に、常になにやら理不尽なものを感じ続けてきた。彼らが掲げる「正義」と、その実現が放つなんともいえない胡散臭さの由縁が、ほんの一端でも解明できたとすれば、これに勝る喜びはない。

おわりに

不自由な「正義」をまとう「悩めるスーパーマン」

できる限りとっつきやすいテーマから、アメリカという国について考えるきっかけを、学生に与えることはできないだろうか？　そんなことを長年考えてきた。

そんな折に、たまたま声をかけていただいたのが、越智道雄監修、小澤奈美恵、塩谷幸子編著による『映画で読み解く現代アメリカ』（明石書店）という企画だった。スーパーヒーローというのが、わたしに割り当てられた課題であり、その原稿を書くために観たのが、クリストファー・ノーラン監督によるバットマン三部作（『バットマン・ビギンズ』

『ダークナイト』『ダークナイド・ライジング』)であった。

それまで、ぼんやりと観る程度だったスーパーヒーローものだったけれども、アメリカという国について考えるという視点をもって観ると、きわめて興味深いものだということにそこで初めて気が付いた。

その時は、バットマンについての原稿を書いたわけだが、そうするともう一人の重要なスーパーヒーローのことも気になってきた。

それで、少し調べ始めてみたところ、これまた興味深いことが次々と出てきた。わかったことを書き留めている内に、気が付いたらいつの間にか一冊の本になるほどの文章が出来上がっていた。

編集を担当してくださった友人の片岡力氏が、魅力的なレイアウトにしてくれたこともあり(註の部分は星条旗を模してあるとのこと)、学生さんのみならずアメリカに興味をもつ多くの方が、アメリカについて考え始めるための、ちょっとした足掛かりとなりうる本になったのではないかと思っている。あるいは、そうであることを願っている。

スーパーマンに潜在する多義性と顕在する一義性

とはいえ、正直なところスーパーマンの映画はつまらない。たとえば、バットマンには、先に挙げたクリストファー・ノーラン監督による素晴らしい三部作があるし、ティム・バートン監督版のバットマンだってそれなりに楽しめる内容に仕上がっている。

それに比べると、比較的評価の高いザック・スナイダー監督の『マン・オブ・スティール』（二〇一三年）でさえ、何か物足りない感じがしてしまう。おそらくそれは、スーパーマンが、あくまで正義やヒューマニズムの側に立ち続けるところから来るように思われる。明らかに悪の側へも踏み出さざるを得ないバットマンのあやうい倫理性と比べると、この映画で描かれた「悩めるスーパーマン」ですら、正義という範疇から出ることはついにない。そこには、ある種の不自由さの感覚がある。

けれども、本書をお読みになった方は、その理由がおわかりになったことと思う。スーパーマンはすでに精一杯なのだ。あまりに暗い要素を体現し過ぎているせいである。あまりに暗い要素を体現しつつ、それをすべてひねり返して「正義」のコスチュームで無理やり一つにまとめているのがスーパーマンなのだ。

KKKから意匠を借りたことを隠蔽し、自警主義的行動をしていることを笑顔と正義で誤魔化し通し、優生学を体現しつつもそれを否定してもみせる。さらに、そうした〝内実〟を天使のイメージ、キリスト教的な救世主のイメージ、あるいは究極の移民のイメージ、そして仕上げにさえない凡人のイメージで幾重にも包装し直し、決して外からはその〝内実〟が窺い知れないようにしている。そんな隠蔽装置というのがスーパーマンの正体なのだというわけである。

だから、本書で見てきたように、潜在形としてのスーパーマンは多義的で面白い。けれども、顕在形としてのスーパーマンは一義的で、これ以上変わりようがないのだともいえる。あくまで人間でしかないバットマンが、それゆえに多義性に富み、アメリカの現在を映し出せるのとは、大違いなのだといえるだろう。

本書を通して筆者は、ポピュラーカルチャーの表象のひとつであるスーパーマンが、アメリカという国がもつ重要な一面を露わにしていることを証し立ててみたつもりである。誰もがなんとなくスーパーマンをはじめとするスーパーヒーローたちに対して抱いていた違和感のようなものの正体を、少しでも明らかにできていたならば、幸甚である。

遠藤　徹

参考文献

Allen, Garland E., "*The Eugenic Office at Cold Harbor, 1910-40: An Essay in Institutional History*", Orisis, 2nd series, vol.1986,

Black, Edwin, "*Eugenics and the Nazis: the California connection*",SFGate, 9.11,2003, http://www.sfgate.com/opinion/article/Eugenics-and-the-Nazis-the-California-2549771.php

Brown, Richard Maxwell, *Strain of Violence*, NY: Oxford UP, 1975

Chalmers, David M., *HOODED AMERICANISM: The History of the Ku Klux Klan*, Durham: Duke UP, 1987

Cogdell, Christina, "*Smooth Flow: Biological Efficiency and Streamline Design*", in Susan Currell, Christina Cogdell eds., *Popular Eugenics: National Efficiency And American Mass Culture in the 1930s, Ohio*: Ohio UP Press, 2006

Dipaolo, Marc, *War, Politics and Superheroes: Ethics and Propaganda in Comics and Film*, London: Mcfarland & Company. Inc. Publishers, 2011

Ethington, Philip J., "*Vigilantism and the Police: The Creation of a Professional Police Bureaucracy in San Fransico, 1847-1900*", Journal of Social History, vol.2, No.2, winter, 1987

Eco, Umberto, "*The Myth of the Superman*", Diacritics, Vol.2, No.1, Spring, 1972

Engle, Gary, "*What Makes Superman So Damned American?*", The Consientious Reader, Sunday, August 21, 2011, http://smhasty.blogspot.jp/2011/08/what-makes-superman-sodarned-american.html

Fingeroth, Danny, *Superman on the couch: What Superheroes really tell us about Ourselves and Our Society*, NY: The Consinuum International Publishing Group Inc, 2004

Fritz, Christian G., "P*opular Sovereignty, Vigilantism and the Constitutional Right of Revolution*", Pacific Histrical Review, 1993

Gavaler, Chris, "*The Ku Klux Klan and the birth of superhero*", Journal of Graphic Novels and Comics, vol.4, No,2, 2013

Glick, Megan H., "*Ocular Anthropomorphism: Eugenics and Primatology at the Threshold of the "Almosnt Human"*", Social Text 112, vol.30, no.3, fall, 2012

Harrington, Wallace, "*Superman and the War Years: The Battle of Europe Within the Pages Of Superman Comics*", http://www.supermanhomepage.com/comics/comics.php?topic=articles/supes-war

Hietala, Thomas R., *The Fight of the Century: Jack Johnson, Joe Louis, and the Struggle for Racial Equity*, New York: M. E. Sharpe, 2004

Hoppenstand, Gary ed., *The Dime Novel Detective*, Bowling Green University Press, 2000

Jackson, Kenneth T., *The Ku Klux Klan in the City 1915-30*, NY: Oxford UP, 1967

Jeffrey, Scott, "*Producing and Consuming Posthuman Body in Superhero Narrative*", humanity+magazine,2013, http://hplusmagazine.com/2013/01/26/producing-and-consumingthe-posthuman-body-in-superhero-narratives/

Jopson, Jenny, "*The Language of Degeneration: Eugenic Ideas in the "Time Machine" by H.G. Wells and "Man and Superman" by George Bernard Shaw*", Galton Institute, Newsletter, No.51, 2012

Karp, Lauren N., "*Truth, Justice and The American Way: What superman teaches us about the American Dream and Changing Values of the United States*", A thesis submitted to Oregon State University in partial fulfilment of the requirements for the degree of Master of Arts, Presented June 4, 2009

Lang, Jeffrey S. & Trimble, Patrick, "*Whatever Happened to the Man of Tomorrow? An Examination of the American Monomyth and the Comic Book Superhero*", The Journal of Popular Culture, Volume 22, Issue 3

Lapin, Andrea Dale, "*A Body of Text: Physical Culture and the Marketing of Mobility*", Submitted to the Graduate Faculty of The Kenneth P. Dietrich School of Arts and Sciences in partial fulfilment of the requirements for the degree of Doctor of Philosophy, 2013

Lenz, Timothy, "*Republican Virtue and the American Vigilante*", Legal StudiesForum, vol.12, No.2, 1988

Levine, Lawrence, *Black Culture and Black Consciousness: Afro-American Thought from Slavery to Freedom*, London: Oxford University Press, 1977

Lipsos, Eleni, "*Anatomy of a Pin-Up: A Genealogy of Sexualized Feminity Since the Industorial Age*", a thesis for the degree of the Doctor of Philosophy in English, University of Exeter, November, 2013

McMurry, Linda, *To Keep The Water Troubled: The Life of Ida B. Wells*, New York: Oxford University Press, 1998

Marks, Jonathan, "*Eugenics: Breeding a Better Citizenry Through Science*", http://personal.uncc.edu/jmarks/eugenics/eugenics.html

Megg, Dylan Fort, "*Why not rule the world? Nietzsche, the Übermensch, and Contemporary superheroes*", 2009, University of Tennessee Honors Thesis Projects. http://trace.tennessee.edu/utk_chanhonoproj/1296

Molden, Dan T., "*Barack Obama as Superman: The Identity and Identification of a presidential candidate*", 愛知淑徳大学言語コミュニケーション学会言語文 19, 59-73

Runstedtler, Theresa, *Jack Johnson, Rebel Sojoourner: Boxing in the Shadow of the Global Colour Line*, Berkelry: University of California Press, 2012

Smith, Angela M., *Hideous Progeny: Disability, Eugenics, and Classic Horror Cinema*, NY: Columbia.UP, 2011

Treat, Shaun, "*How America Learned to Stop Worrying and Cynically ENJOY!: The Post-9/11 Superhero Zeitgeist*", Communication and Critical/Cultural Studies, vol.6, No.1, 2009

William, Sunder Katherine, "*Jack Johnson: Victim or Villain*", A thesis submitted to the Graduate Faculty of North Carolina State University in partial fulfilment of the requirements for the degree of Master of Arts, 2000

テーラー，F・W『科学的管理法』上野陽一訳・編、産能大学出版部、昭和 44 年第 1 版、平成 7 年第 22 版

ヒトラー，A・『わが闘争』（上・下）平野一郎・将積茂訳、角川書店・角川文庫、昭和 48 年

著者紹介

遠藤　徹（えんどう・とおる）

1961年、兵庫県に生まれる。

東京大学文学部英米文学科・農学部農業経済学科卒業、早稲田大学大学院文学研究科英文学専攻博士課程満期退学。

現在、同志社大学グローバル地域文化学部教授。「モンスター」「プラスチック」といったユニークな切り口から英米文学・文化研究を行う。その方面の専門的な著作に『ポスト・ヒューマン・ボディーズ』（青弓社）、『プラスチックの文化史』（水声社）、『ケミカル・メタモルフォーシス』（河出書房新社）などがある。

また近年は作家としても知られ、「姉飼」（角川書店）で第10回日本ホラー小説大賞を受賞、「麝香猫」で第35回川端康成文学賞候補に選出されたほか、『ネル』（早川書房）、『むかでろりん』（集英社）、『壊れた少女を拾ったので』『おがみむし』『戦争大臣』（いずれも角川ホラー文庫）、『贄の王』（未知谷）などの小説を上梓している。

スーパーマンの誕生——ＫＫＫ・自警主義・優生学

2017年4月15日　初版第1刷発行

著　者　遠藤　徹
発行者　武市一幸

発行所　株式会社 新評論

〒169-0051　東京都新宿区西早稲田 3-16-28
http://www.shinhyoron.co.jp

TEL　03（3202）7391
FAX　03（3202）5832
振替　00160-1-113487

定価はカバーに表示してあります
落丁・乱丁本はお取り替えします

装幀　山田英春
印刷　理想社
製本　中永製本所

ISBN978-4-7948-1066-3
Printed in Japan

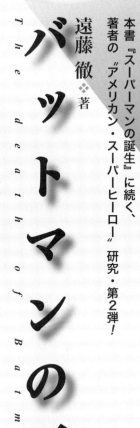